辞書のチカラ

中国語紙辞書電子辞書の現在

【編】山崎直樹　遠藤雅裕

好文出版

発刊にあたって

まず、この論集で取りあげられたすべての辞書の執筆者・編者・製作者の方々に敬意を表したい。我々は、辞書を作りあげるという作業がどれほどの労苦を要するものか、その一端は知っているつもりである。

この論集には、辞書のあるべき姿を論じたものから、個々の辞書の使い勝手を論じたものまで、さまざまな性格の文章が収められている。編者が執筆者の方々にお願いしたのは、「印象で良い悪いを言うのではなく、客観的な根拠を挙げて、具体的かつ個別的に論じて欲しい」ということだけである。

中国語の辞書は、現在では、かなり多くの種類が市場に出回っているが、その中身が時間をかけて論じられたことは、これまでほとんどなかったように思う。この論集が、その嚆矢となれば幸いである。

なお、本論集の清原氏の「中国語電子辞書機能比較」は、『漢字文献情報処理研究』第5号（漢字文献情報処理研究会、2004）に掲載された、同氏の同名の文章を転載したものである。そのさい、著者には、新発売された辞書に関する情報を加筆していただいた。快く転載を承知してくださった漢字文献情報処理研究会に感謝を申しあげたい。

編者、2005年5月

目 次

- 理想の中国語辞書 ——語義記述と収録語について …………1
  遠藤雅裕

- 動詞と名詞の区分をめぐって
  ——品詞表示の比較のモデルケースとして …………43
  三宅登之

- 異文化理解という観点から見た辞書の記述
  ——風俗習慣，社会制度 …………75
  山崎直樹

- 時事新聞関連語彙の記述比較
  ——中級読解授業「総合中国語」から …………107
  小川利康

- 親字，下位区分の仕方——助動詞"会"の項について …………121
  小栗山恵

- コラム（囲み記事）に見られる"会" …………125
  小栗山恵

- 入門者向け学習辞典における例文の選択
  ——文型を理解させるための例文という観点から …………133
  山崎直樹

- 中国語電子辞書機能比較 …………149
  清原文代

辞書一覧…………180

辞書
の
チカラ

中国語紙辞書電子辞書の現在

理想の中国語辞書

―― 語義記述と収録語について ――

遠藤雅裕（中央大学）

1. はじめに
2. 検討対象とする辞書
3. 語義の記述と配列
   3.1. 多義語の語義項目数
   3.2. 語義項目の配列
      3.2.1. 配列法
      3.2.2. 各辞書における語義項目の配列方針
      3.2.3. 各辞書の語義記述例
   3.3. まとめ
4. 語彙の収録範囲
   4.1. 各辞書の収録状況の趨勢
   4.2. まとめ
5. おわりに

1. はじめに

辞書編集では，「なにを」「どれだけ」「どのように」ということを考えねばならないだろう。「なにを」というのは収録範囲，「どれだけ」は収録語数，そして「どのように」は語義解説と用例のことだ。

単純に言えば，収録範囲は広ければ広いほど良いし，収録語数も多ければ多いほど良い。しかし，実際は紙幅という物理的制限などがあり，

2・辞書のチカラ

特別な大型辞書でないかぎり，収録語数を無制限に増やすわけにはいかない[1]。収録範囲は辞書の性格によって決定される。古典語辞書であれば古典語が，俗語辞書であれば俗語が，現代標準語辞書であれば，現代の標準語が，その辞書の主要収録対象だ。もちろん，現代標準語辞書でも，古語や俗語・方言語彙などを収録してはいけないということはない。より広範な使用者の要求を満足させることも辞書の使命であるから，むしろ，可能な限り広範囲にわたって語彙を収録しようとするだろう。

こうして「なにを」「どれだけ」という外枠が決まると，次は「どのように」という中身の問題になる。見出し語には，簡にして要を得た訳語・解説が提示されており，当該の語の使用状況が的確に把握できる用例が附されていることが望ましい，ということになろう。たとえば，対訳語は見出し語の文体的特徴を反映するものであり，語義解説は語義全体を把握することが可能なものであり，用例には，イディオムや例文のみならず，使用頻度が高い連語(collocation)が示されており，さらに百科事典的知識が附されていれば，まず不満はない。その上で，実際のコミュニケーションの場で，その語を適切に運用できるような情報があれば，なおよいということになる。つまり，受信・発信の両方に役立つ，言語理解にも言語運用にも必要かつ十分な情報を提供できる辞書が，理想の辞書である，と私は考える。

さて，ここ 10 年ほどの間に，新しい中国語辞書や改訂版の出版が相次いでいる。いずれも，文法・類義語解説や社会・文化を紹介したコラム，洋画の中国語タイトルなどといった附録が充実し，使用者のニーズに応え，かつ楽しませる仕掛けが随所に見られる。ところで，辞書の根幹は何かといえば，それは間違いなく語の語義解説である。これ

---

[1] 電子辞書や Web 上の辞書には，このような収録語数の制限はあまりない。

らの辞書では、語義解説がどの程度工夫され、ユーザーフレンドリーになり、質的レベルアップがなされているのか、また、中国語圏全体を視野に入れた語彙収録がなされているかどうか、気になるところである。ところが、語義解説はコラムや附録に比べて、目立たない、地味な存在だ（と私には思える）。そこで、今回、国語辞典や英和辞典について議論されていることを参考にしつつ、主として最近出版された中国語辞書について、(1)語義の記述と配列、(2)語彙の収録範囲の2点について調査検討してみた。

2. 検討対象とする辞書

調査検討する辞書は、次のとおりである。

図表1　調査対象である中国語辞書の概要

	略称	書名	出版社 出版年	見出し語数	親字数	配列方式
1	講談二	中日辞典(第二版) (第1版 1998年)	講談社 2002	87,000	13,000	親字ピンイン順
2	小学2	中日辞典(第2版) (第1版 1992年)	小学館 2003	85,000	13,000	同上
3	白水	中国語辞典	白水社 2002	65,000	11,000	同上
4	クラ	クラウン中日辞典	三省堂 2001	65,000	11,500	同上
5	東方	東方中国語辞典	東方書店 2004	42,000	11,000	同上
6	プロ	プログレッシブ中国語辞典	小学館 1998	65,000	6,800	同上
7	朝日	はじめての中国語学習辞典	朝日出版社 2002	10,000	—	ピンイン順
8	三修	ポータブル中日・日中辞典(繁体字版)	三修社 1997	23,800	3,800	親字注音符号順
9	大修	中日大辞典(増訂第2版)	大修館書店 1987	140,000	13,166	親字ピンイン順

10	新語	中国语新语辞典（三订版）	同学社 2000	—	—	ピンイン順
11	現汉	现代汉语词典（増补本）	商务印书馆 2002	60,000余	—	親字ピンイン順
12	応用	应用汉语词典	商务印书馆 2000	50,000余	—	同上

1〜6は，代表的な中型中国語辞書，7は初学者対象の学習辞書，8は台湾で編纂された小型辞書，9は大型辞書，10は新語辞書，11〜12は中国の代表的な中国語辞書である。

3. 語義の記述と配列

ある語の語義を記述する場合，その指示対象がひとつであり，かつ日本語に1対1で対応する場合は問題がない。端的には，"镁"（マグネシウム）など，元素を表すものが挙げられよう。しかし，このような対応関係を示すものはまれだ。自然言語の語のほとんどは多義的[2]で，対応する日本語の語と語義範囲が異なる（たとえば"冷"が「寒い」と「冷たい」を包括）など，齟齬をきたすことは当たり前である。そのため，辞書編集の過程で，次のような問題に直面することになる。(1)多義語の語義項目をどのように分けるか，(2)語義項目をどのように配列するか。(1)は，同音異義語扱いにすることも含む。

以下，(1)と(2)について，検討してみよう。

---

2) 何をもって複数の意味とするかについては，意味論の分野で長いこと議論をされているが，客観的な基準を立てることは容易ではない。多義的であるか否かは，言語使用者あるいは観察者の直感に頼る部分も少なくないといえよう。

3.1. 多義語の語義項目数

各辞書では，多義語をどれくらいの語義項目に分けているのであろうか。一般的に，辞書が大型になるにつれて，語義項目も多くなる傾向がある。ひとまず，サンプルとして名詞"菜""先生"，および動詞"拉""开"の語義項目数を以下に挙げる。

図表2　各辞書の語義項目数

	小学2	プロ	講談2	白水	東方	クラ	朝日	现汉
菜	3	2	4	4	3	3	3	3
先生	6	4	6	7	6	6	3	6
拉	13 [12+1]	10	10	20 [18+2]	13	10	5	13 [12+1]
开	25 [19+2+4(5)]	17 [14+3(5)]	21 [19(4)+2]	29 [22+1+6]	24 [18+5+1]	34 [23+9+2]	10	22 [20+1+1(2)]

*　　　[ ]内は内訳を示す。
**　　「+」は見出し語が同音異義語，即ち"拉1""拉2"…となっていることを示す。
***　( )内は，ある語義項目が再区分された下位項目の数を指す。

"菜"は2～4項目で，語義項目がもともと少ないためか，辞書間でそれほどの出入りはない。"先生"は3～7項目であるが，学習辞書の『朝日』，やや小型の『プロ』を除けば，6～7項目であり，やはり，それほどの出入りはないといえる。一方，"拉""开"は，ほぼどの辞書の項目数も2桁であること（最多は『クラ』23+9+2=34項目），辞書によって，項目数や多義の扱い（同音異義語とするか否か）が，比較的顕著に異なっていることが特徴である。

3.2. 語義項目の配列

3.2.1 配列法

国広 1997 は，語義項目の配列方法として，次の 3 通りの方法を挙げている。

　　a. 頻度順(使用頻度順)
　　b. 年代順（語義派生順）
　　c. 意味関係順

これら 3 つの配列方法について，国広 1997 は，a.頻度順は「使用者の便宜のためを考えて採られる方法」とその意義を認めつつも，「語義の意味・用法上の関連性をぶち壊しにしてしまう」と，否定的な見解を示している。一方，b.は「語義の時代発生順に並べる」，つまり［本義[3]→派生義］という通時的な関係に基づいた配列法であるが，それぞれの語の歴史的研究が完了していることを前提にするため，事実上は困難であると指摘する。c.は，「各語義間の意味関係に基づいて，体系的に配列する」，つまり［基本義－派生義］という共時的な関係に基づいた配列方法である。国広は，これについて「多義語の分岐は無原則に起こるのではなく，そこには何らかの心理的・認知的なきっかけがあるのが普通である」ため，使用者の直感に訴えかけるものがある点を評価し，意味関係順を推奨している。また，瀬戸 2001 も英和辞書について，同様の見解を示している[4]。

[3) 本稿では，語源など，本来の語義を「本義」，共時面における中心的な語義を「基本義」と呼ぶことにする。
[4) このような認識は，少なからぬ認知意味論研究者に共通するものといって

一方，赤野 2001 は，理想的な学習英和辞書の条件として「求める情報へのアクセスが容易であること」「その記述が正確であること」「得られた情報が実際に使えるものであること」の 3 点を挙げ，そのためにはコーパスを使用して辞書編纂をすべきことを提唱する。語義項目についても，コーパスに基づいて使用頻度順に配列すれば，使用者は比較的容易に目指す対訳語にたどり着けるわけである。

前者の意味関係順配列は語義の全体像の把握に重点を置いているのに対し，後者は，実際の使用場面での受信・発信というより実用的な面に重点を置いているといえるだろう。以下，上述の議論を踏まえつつ，中国語辞書の個別具体例を検討したい。

3.2.2 各辞書における語義項目の配列方針

配列方法に言及がある辞書はわずかに『プロ』『朝日』のみである。それ以外の辞書については，筆者の見解をカッコ内に示しておいた（引用箇所下線筆者）。

　　『小学 2』　なし（年代順？）

　　『プロ』　この辞書では，必ずしも従来の使用頻度にかかわらず基本義から並べるという語釈の順序を取らず，<u>初級者・中級者が接する機会の多いであろう語釈を前に持ってきて</u>，学習の便を図った。（頻度順）[5]

　　も良いかもしれない。また，英和辞書編集者の田島氏もこの見解を支持している（田島 2001）。
5) 「初級者・中級者が接する機会の多いであろう」という表現から，厳密な意味での使用頻度順ではないことが伺える。なお，側聞するところでは，何らかのデータベースに基づいたものではなく，執筆者の経験に基づいて

『講談2』　なし(年代順？)

『白水』　なし(年代順？)

『クラ』　なし(年代順？)

『朝日』　語釈は原義を先に，派生義を後に記し，①②③…の数字を用いて，記述した。(年代順？)

『現汉』　分析意义以现代汉语为标准，不详列古义。(年代順？)

3.2.3. 各辞書の語義記述例

以下，名詞"菜""先生"および動詞"拉"の語義記述について検討してみたい。引用に当たっては，便宜上，記述の一部を削除・改変する場合もあることをお断りしておく（引用箇所下線筆者）。

1) "菜"

『小学2』　<u>1.野菜，蔬菜</u>。　2.アブラナ　<u>3.おかず，料理</u>。

『プロ』　<u>1.おかず，副食品，料理</u>。　<u>2.野菜，蔬菜</u>。

『講談2』　<u>1.野菜，菜っ葉</u>。　2.ナタネ，アブラナ。　<u>3.おかず，料理</u>。　4.姓。

配列したそうである。同様の状況は英和辞書についても指摘されている（赤野 2001）。

『白水』　1.野菜,蔬菜。　2.油菜。　3.おかず,菜,副食物。　4.(皿に盛った)料理。

『東方』　1.野菜。　2.料理,おかず。3.アブラナ,ナノハナ。

『クラ』　1.野菜。　2.料理。　3.姓。

『朝日』　1.野菜。　2.アブラナ。　3.料理,おかず。

『现汉』　1.能做副食品的植物；蔬菜。　2.专指油菜。　3.经过烹调供下饭下酒的蔬菜、蛋品、鱼、肉等。

"菜"は,『说文解字』に"艸之可食者"（段注1篇下39b）と見えるように,本来は食用になる草を指示していた。したがって,『现汉』の1,『小学2』の1など,「野菜」が本義あるいは基本義である。以下,"菜"の意味体系を考察してみると,次のようになろう。なお,図中の「→」は論理関係を表し,必ずしも通時的派生関係を意味しない。また矢印の間の「提喩」「換喩」などは,派生原理を示している。

①「食用の草」〔野菜〕 ⎰ (i)→提喩→　②　　「アブラナ」
　　　　　　　　　　 ⎨ (ii)→換喩→　③　(iii)「調理された食用の草」
　　　　　　　　　　 ⎱ (→提喩?→　(iv)「(野菜を中心にした)副食品全般」)
　　　　　　　　　　　　　　　→換喩／提喩→④　「調理されたもの全般」
　　　　　　　　　　　　　　　　　　　　　　　　〔料理〕

意味関係を共時面で考察してみよう。まず,基本義①は,(i)と(ii)の2方向に連なってゆく。(i)は,カテゴリーについて,基本義と上位と下位（あるいは包摂被包摂）の関係,すなわち提喩（synecdoche）の関係である。つまり,「食用の草」の一構成メンバーが②「アブラナ」

なのである。これはちょうど，日本語の「花」が「桜」を指すのに等しい。(ii)は③(iii)「調理された食用の草」，そして④「調理されたもの全般」を指すようになっている。これは，「生の食用の草→（調理）→調理済みの食用の草」という時間的（もしくは原料と製品という）換喩（metonymy）関係，および④「調理済みの〔食用の草・肉・魚…〕」という同じカテゴリー（ここでは「調理されたもの」）に含まれる成員間の近接関係（すなわち空間的換喩関係），あるいはこれらの成員を包摂するカテゴリー全体を指すようになっているので提喩の関係にあるといえよう。なお，"买菜"といった場合，野菜を中心とした副食品全体を指すので，上図の③を(iv)「（野菜を中心にした）副食品全般」にしても良いかもしれない。この立場をとると，提喩的拡張は③の段階で起こっているわけである。

さて，以上のような意味関係を元に各辞書を見てみると，『白水』が，上図の③(iv)「副食品」を語義項目の中に含んでいるという点で，もっとも妥当ではないかと思われる。また，『プロ』以外は，ほとんど意味関係順に語義項目を配列しているように見えるが，これは，偶然にも意味関係順が通時的派生関係と平行しているためであるからだろう。ところで，日常的に"种菜"よりは"买菜""炒菜"により多く接しているだろう都市型生活者にとっては，④「料理」から始まる頻度順の『プロ』が比較的親切ではないかと思われる。

2) "先生"

『小学』　1.〈旧〉(職業としての)先生。〔現在，学校の「先生」は一般に"老师"を用いる。〕　2. …先生。〔高名な学者や知識人などに対する敬称として用いる。〕　3. …さん。〔男性に対する敬称。特に外国人に対して用いることが多いが，最近は不特定の男性への呼びかけにも

用いるようになった。〕 4.人の夫・自分の夫に対する称。 5.〈方〉医者。 6.〈旧〉講談師・易者・商店の会計係に対する敬称。

『プロ』 <u>1....さん</u>。 2.人の夫・自分の夫の称。 3....先生。 <u>4〈旧〉(職業としての)先生</u>。

『講談』 <u>1.(学校の)先生, 教師</u>。 <u>2.(男性に対する敬称)...先生, ...さん</u>。3.(他人の夫または自分の夫に対する呼称)ご主人, 主人。 4.〈方〉医者。 5.〈旧〉会計係。6.講談師や易者などに対する呼称。

『白水』 <u>1.〈旧〉(昔の塾・学校の)先生</u>。〔現在は一般に学校の教員には"老師"を用いる。〕 2.(指導的地位・立場にある人を指し)先生。3.高級知識分子・民主人士に対する敬称。 4.<u>社交の場における男性の尊称</u>。 5.〈旧〉夫。 6.〈方〉医者。 7.〈旧〉会計係・易者・講談などを職業とする人の尊称。

『東方』 <u>1.学校の先生</u>。〔普通は'老師'という。〕 <u>2.人に対して用いる尊称</u>。〔多くは男性に対して用いるが, 女性にも用いられる。呼びかけとしても用いられる。〕 3.（通常前に人称代名詞をともなって）夫。 4.（北方）医者。 5.〈旧〉会計師, 講談師, 占い師, 手相見, 風水師など。 6.優秀な人物の尊称。

『クラ』 <u>1.先生</u>。 <u>2....さん。大人の男性に対する呼称</u>。 3.他人の夫, または自分の夫への呼称。4.〈方〉医者。 5.〈旧〉店の会計係。 6.〈旧〉講釈師, 人相見, 地相見, 易者などへの敬称。

『朝日』　1.(学校の)先生，教師。　2.(成人男性に対する尊称)...
　　　　さん。　3.人の夫・自分の夫を称する。

『現汉』　1.老师。　2.对知识分子的称呼。　3.称别人的丈夫或对
　　　　人称自己的丈夫。4.〈方〉医生。　5.旧时称管账的人。
　　　　6.旧时称以说书，相面，算卦，看风水等为业的人。

まず，結論から述べると，年代順配列法をとっている辞書では，必ず
しもそのとおりに配列していないことが指摘できる。

"先生"の通時的意味派生については，『汉语大词典』の記述を参考
にすると，次のような派生順序が考えられる。

①目上のもの「儀禮」　→②年上で学問があるもの「孟子」
　　　　　　　　　　　→⑧夫「漢劉向」

→③教師「礼記」→④知識人一般「史記」→ ⑤道士
　　　　　　　　　　　　　　　　　　　⑥知的職業のもの(占い
　　　　　　　　　　　　　　　　　　　　師，医者等)
　　　　　　　　　　　　　　　　　　　⑦他人一般(特に男性)
　　　　　　　　　　　　　　　　　　　　に対する敬称

⑤⑥⑦は，同時期に登場したのではなく，⑤→⑥→⑦の順番で登場し
たのではないだろうか。仮に，厳格な年代順であるならば，「占い師，
講談師，医者」（小学 5・6，講談 4・5・6，東方 4・5 等）は，「～さ
ん」（小学 3，講談 2，東方 2）よりも，前に置かれなければならない
だろう。「占い師，講談師」と同様に旧語扱いの「先生」が第 1 義に
なっている点は年代順であるが，後の部分は頻度順とでもいえるよう
な配列方法である。では，意味関係順かというと，どうもそうでもな
い。現代語の"先生"の基本義を考えてみると，それは「他人一般（特
に男性）に対する敬称」もしくは「夫」であって，「教師」ではない

からだ。いずれにしても，このあたりの配列方法は，単に『現汉』に倣っているだけではないだろうか。いずれにせよ，学習者（特に入門者）にとって，「教師」が第1義になっていることは，あまり意味がないだけではなく，誤解の元になりかねないだろう。

3) "拉"

図表3　各辞書の"拉"の語義項目

	小学2	講談2	白水	東方	朝日	現汉
1	Ⅰ①引く。引っ張る。	①引く。引き寄せる。	Ⅰ①(ロープ・弓・ふいごなどを手で手元の方に)引く，引っ張る。 ②(開閉のためにドア・ひきだし・カーテンなどを)引く，引っ張る。 ③(人・車・物品を)引っ張って動かす。 ④(互いに)手を取る，握り合う。	①引く，引っ張る。	①引く。引っ張る。	Ⅰ①用力使朝自己所在的方向或跟着自己移动。
2	②(車で)運ぶ，運送する。	②(車で)運ぶ。	⑤(車で)運搬する。	②(車で)運ぶ。		②用车载运。
3	③(部隊を)引率して移動させる。	④引き連れる。集める。	⑥(多く部隊などを)統率する，率いて移動させる。	⑤(部隊を)引率して移動する。		③带领转移(多用于队伍)。
4	④(主に弦楽器を)弾く，奏でる。	③(引いて)音を出す。(弦楽器を)奏でる。演奏する。	⑦(弦楽器を)弾く，奏でる，(汽笛などのレバーを)引く。	③(楽器を)弾く，奏でる。	③(弓でこする楽器を)演奏する。	④牵引乐器的某一部分使乐器发出声音。
5	⑤長く伸ばす。引き伸ばす。長引	⑤伸ばす。引き伸ばす。	⑧(声・ゴム・エキスパンダー・距離などを)引き伸ばす，引き離す。	④引き伸ばす，長く伸ばす。	②引き伸ばす。	⑤拖长；使延长。

	かす。		⑮(卓球でボールなどを)長く打つ。			
		⑥返済を延ばす。延滞する。	⑭(借金・欠損などを)引きずる,背負う。			
6	⑥〈方〉育てる。		⑩(子供を)苦労して育てる,手塩にかける。	⑥(北方)育てる。		⑥〈方〉抚养。
7	⑦援助の手を差し伸べる。		⑨(困っている人に)援助の手を差し伸べる,肩入れする,面倒を見る。	⑦助ける,手伝う。		⑦帮助。
8	⑧巻き添えにする。巻き込む。	⑦引っぱり込む。巻き添えにする。	⑪(人を)引きずり込む,巻き添えにする。	⑧巻き添えにする,迷惑をかける。		⑧牵累。
9	⑨取り入る。コネをつける。	⑧関係をつける。渡りをつける。	⑫味方につける,コネをつける。	⑨丸め込む,渡りをつける。	⑤取り入る。	⑨拉拢,联络。
10			⑯(得意先を)招き寄せる,(商売を)広げる。	⑩招き寄せる,集める。		⑪招揽。
11	⑩組む;(軍や集団を)組織する。		⑬(人を兵役などに)引っ張る。			⑩组织。
12	⑪〈方〉おしゃべりをする。	⑨〈方〉おしゃべりをする。雑談をする。	⑰〈方〉話をする,おしゃべりをする。	⑪(北方)世間話をする,おしゃべりする。		〈方〉闲谈。
13	⑫〈音〉(7音階の)ラ		⑱[附]省略			
14	Ⅱ排便する。	⑩〈口〉大便をする。	Ⅱ①(大便を)する,(腹を)下す。	⑫〈口〉排便する。	④排泄する。	Ⅱ排泄(大便)。
15			Ⅱ②省略	⑬〈書〉挫折する。		

図表4　"拉"の現象素

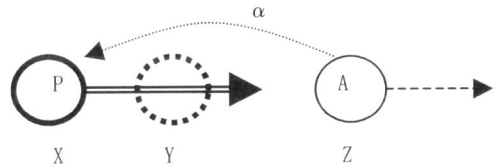

動詞"拉"については，上図のような現象素を考えることができる（远藤1999を修正）[6]。図表4は，動作主Aが被動作主Pに力αを加えるなどの働きかけをし，その結果，PはAの方向にX→Y（→Z）と移動する，その際Aも同じ方向に移動する可能性もあることを示している。図表3では語義1に，このことが端的に現れているといえるだろう。

以下，それぞれの語義項目を，現象素を軸にして，簡単に考察してみよう。まず，語義2「（車で）運ぶ」は，Pに載せられた後，引かれてどこかに移動するモノに視点が移っている。車（P）とそれに載せられたモノは隣接関係にあるので，語義2は現象素から換喩的拡張をしているといえる。語義3「率いる」は，AとPの間に物理的な力が働いているのではなく，権力のような抽象的な力が働いているわけで，ドメインが物理的空間から抽象的空間に移っており，比喩的拡張をしている。語義4「演奏する」は楽器の弓を「引いて」その結果「音を出す」，さらにそれは「曲を弾く」わけであるから，「原因－結果」という関係が観察でき，換喩的拡張をしている。語義5は，Pの本来の位置Xと移動先Yの距離に焦点があるといえる（図表4参照）。語義6〜12はドメインが異なっており，いずれも比喩的拡張である。これら，語義関係の詳細は远藤1999を参照されたい。

---

6) 現象素については国広1994を参照。

さて，上で見た意味関係を元に，各辞書の意味記述を検討してみよう。ここでは，『小学 2』『講談 2』『白水』『東方』『朝日』『現汉』を検討する。まず，語義配列であるが，語義記述の精粗はともかく，配列はほぼ同じといってよい。また，その配列法は，一見して時代順といえるが，一方で意味関係順といえるものである。

いくつか問題点を挙げてみよう。

まず，"拉"は多義語か同音異義語かという問題がある。『小学 2』『白水』『现汉』は"拉"Ⅰ・"拉"Ⅱ（語義 14）としており，同音異義語扱い，それ以外は多義語扱いである。これについては，筆者はすでに多義語的解釈が可能という結論を出している（远藤 1999）。仮に，語義項目間の意味関係がつかみにくいため同音異義語扱いにするのであれば，語義 12「しゃべる」，語義 13「(7 音階の) ラ」も，それぞれ見出し語として立ててもよいはずである。語義 14 は排泄を指しているために，一種のタブーとなり，同音異義語扱いになっているのであろうか。

次に，語義項目の立て方，特に，文脈的変容にどこまで触れるか，ということを検討したい。たとえば，『白水』は語義 1「引く」を①～④に分けて項目を立てている。しかし，これらは，いずれも文脈（特に目的語）が異なるのみで，「ロープ」も「ひきだし」も「人」も，物理的空間で対象を「引く」わけであり，動作に大きな違いはない。つまり，これらの語義項目は同じドメインに属しているのである。この場合，語義を細かく分けることは，学習者に無用の混乱をきたすのではないかと考える。というのは，対象となる語の本質的な意味をつかみにくくしてしまうからである。同様の問題は，語義 9, 10 にもいえよう。

これに関連する問題として，特定の連語の中でしか現れない場合の対訳のつけ方を考えてみたい。いわば，「構成要素の訳の和」が，「構成要素の和の訳」になるか否かということである。たとえば，語義9「取り入る」および語義11「招きよせる」で用例として挙げられるフレーズを見てみよう。多くの辞書では，前者には"拉关系""拉交情"，後者には"拉买卖"などが挙げられている。ところで，語義9の訳語「取り入る」に基づいて，たとえば"拉关系"というフレーズに「関係に取り入る」という日本語訳をつけるわけにはいかず，「コネをつける」のような訳をつけることになる。つまり，この場合，フレーズを要素に分解して解釈すると，良い結果が得られないわけだ。逆の例もある。すなわち，構成要素の和の対訳を，個別の構成要素の対訳にする例である。たとえば『講談2』では，語義項目の8番目には「関係をつける，渡りをつける」という対訳が，また用例として"拉关系"が挙げられており，その対訳として「関係を利用する，コネをつける」が挙げられている。つまり，「関係をつける，渡りをつける」という対訳が"拉"のみのものなのか，それとも固定フレーズのものなのか，わかりにくくなっているのである。ほかにも，語義11「招きよせる」の用例"拉买卖"であるが，『白水』では，16番目の語義項目「(得意先を)招き寄せる，(商売を)広げる」とほぼ同じ対訳がつけられているのである。

このような前後関係まで含んだ語義項目を立てる場合，つまり，きわめて限られた連語関係を持つ成分を扱う場合，処の仕方は2つある。1つは，独立した語義項目として取り扱わないという対処法，もう1つは，基本義で解釈できるものは基本義を示し，さらに個々の固定的常用フレーズに解説・対訳を加える方法である。ここでは，とりあえず後者の道を考えてみたい。上に挙げた語義9「取り入る」および語義11「招きよせる」は，実は「(利益になるものを)引き寄せる」という基本義と関連する対訳語ひとつで十分説明がつくものである。"拉关系"は「(人間)関係を引き寄せる→コネをつける」，"拉交情"は「友

情関係を引き寄せる→へつらう」，"拉买卖"は「商売を引き寄せる→商売を広げる」というわけであり，また，"为了扩充势力，他拉了不少人"(『白水』)は，「(前略)かれは少なからぬ人を引き寄せた→少なからぬ人を味方につけた」という解釈ができる。語義にさらなる解説が必要な場合は，それをつければよいし，個々の用例にもそれ相応の訳語をつけておけば問題ないであろう。ちなみに，孟琮等編 1987『动词用法词典』は，語義 9 と語義 11 をひとつの語義項目にしている。

3.3. まとめ

瀬戸 2001 は，語義項目数の多さについて，「こま切れの知識では応用がきかない」「多くの意義をむやみに暗記しなければならない」などの弊害を指摘し，「辞書は意義数（＝語義項目数：筆者注）の多さを誇ってはならない。統合による意義数の減少をこそもっと真剣に考えるべきだろう。」と主張する。筆者は，この主張を支持するものである。中国語辞書をはじめとした多くの辞書（特に中型以上の辞書）では，語義を細かく項目立てする傾向があるが，"拉"についての考察で示したように，細分化された語義項目をまとめ，必要にして十分な記述をすることは可能だ。

瀬戸 2001 はさらに，理想の辞書とは「中心義（＝基本義：筆者注）を設定し，意味ネットワークの全体像を提示し，各意義をネットワークの中で定義し，意義間の関係を明示する」ものだと述べている。基本義とは，「ほかの意義を理解する上での前提となり，具体性が高く，認知されやすく，用法上の制約を受けにくい」（瀬戸 2001）ものだ。特に動詞など文の要となる語については，語義の中心となる部分を，場合によっては図なども使いながら提示し，そこから語義の全体像を

記述するという方法を，もっと検討しても良い[7]。この際，国広 1994 の提唱する「現象素」や田中・川出 1989 の「コア」[8]などが大いに参考になるであろう。そのためにも，"拉"で試みたような，基本語の意味・用法研究を，コーパスなども利用しながら，さらに進めるべきであると考える。

一方，頻度順配列は，国広 1997 の指摘のように，語義ネットワークを壊してしまう可能性がある。しかし，多用される語義項目から並べていくというこのような配列法には，赤野 2001 が指摘するような「求める情報へのアクセスが容易」というメリットもある。中型以下の辞書には，このような頻度順配列を，きちんとしたコーパスに基づいて行ったものがあっても良いだろう。

4. 語彙の収録範囲

収録範囲については，古語・新語・俗語・方言語彙・固有名詞（人名・地名・歴史的文物やできごとの名称）など周辺的な語彙をどこまで収録するかという問題がある。そこで，ここでは，台湾・香港系の標準中国語語彙（以下「台港系語彙」と呼ぶ）の収録状況について調査考察したい。というのは，台湾・香港から発信される標準中国語の情報は，その経済的・文化的・政治的な力を背景に無視できない影響力を持っており，そのため，地域的な特色を持っているその標準中国語も，中国国内のほかの方言とは，中国語圏全体の中で占める位置が明らかに異なっているからである。さらに，これらの地域と日本との交流は増大しており，日本人がこれらの地域の標準中国語に接する機会も増

---

7) 瀬戸 2001 は，対訳語を列挙するよりも個々の語義の派生過程を明示するような「解説的意義」を示すほうが効果的であると主張している。
8) 「コアとは文脈によって左右されない単語の意味のことです」（田中・川出 1989:24）

えているためでもある（遠藤 2002a）。

さて，台港系語彙について，各辞書の概況を眺めてみると，ほとんどが，中華人民共和国の標準語彙が主たる収録対象であって，基本的に中国語圏全体を対象にしたものではないことが伺える。つまり，これらは，いわば「中華人民共和国普通話辞書」とも言えるものなのだ。もちろん，これはこれでけっこうなのだが，上述した理由により，筆者は台港系語彙をより積極的に収録し，中国語圏全体を対象にした標準中国語辞書があっても良いのではないかと考えている。

そのためには，まず，各辞書の台港系語彙の収録状況を明らかにしておかねばならない。そこで，台湾系語彙を中心にした特定の語彙項目について，各辞書の収録状況を調査した[9]。調査対象の辞書には，2.で挙げた辞書の他に，『小学』『講談』それぞれの第１版と中国で出版されている台港系語彙集４種を，対比のために加えた。使用した台港系語彙集は次のとおりである（括弧内は略称）。

『大陸』《大陸和台灣詞語差別詞典》邱質樸 1994 海峰出版社（香港）
『詞典』《港台语词词典》（第二版）黄丽丽等 1997 黄山书社（合肥）
『港台』《港台用语与普通话新词手册》朱广祁等 2000 上海辞书出版社（上海）
『常用』《大陆及港澳台常用词对比词典》魏励等 2000 北京工业大学出版社（北京）

---

9) 辞書の一部分を抜き出し，その中に台港系語彙がどれだけ含まれているかを調査する方法もある。

今回は，遠藤 2002b の一覧表で扱った調査項目を若干入れ替え，合計 95 項目について調査を行った（別表参照[10]）。

4.1. 各辞書の収録状況の趨勢

図表5　台港系語彙収録数

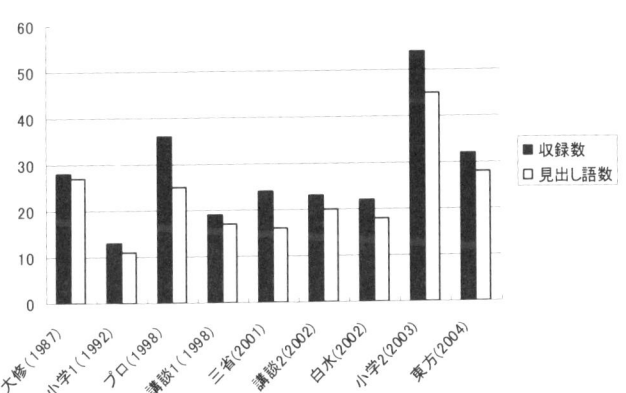

まず，台港系語彙の収録実数が，全体として増加傾向にあることが指摘できる（図表5及び別表参照）。このことは，『講談1』19語が『講談2』23語に，『小学1』13語が『小学2』54語という具合に，同一辞書の改定前後を比較すれば，一目瞭然である。特に，『小学2』はその増え方でも，収録数でも，ほかの辞書を圧倒して多い。つい最近出版された『東方』も，台港系語彙が顕著に多いことがわかる。また，注目すべきは『プロ』で，比較的小型の辞書でありながら，台港系語彙がぬきんでて多い。

---

10) 別表は遠藤 2002b を増補改定したものであるため，表記は繁体字のままである。

図表6 台港系語彙収録数・見出し語数の比

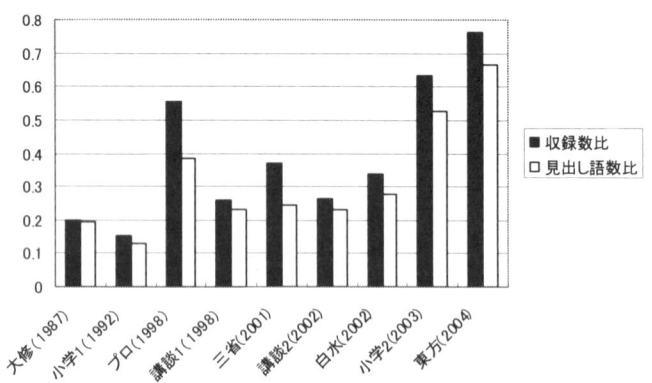

また，見出し語総数に対する台港系語彙収録数・台港系語彙見出し語数の割合を見てみると，全体としての増加傾向がよりはっきりとわかる（図表6参照[11]）。

それでは，どのような台港系語彙が中国語辞書に収録されているのであろうか。それを述べる前に，まず，台港系語彙の中身について若干解説を加えよう。台港系語彙には，(1)新語形（主として台湾・香港で新たに作られた語形），(2)旧語形（中国では廃れた語形），(3)他言語語形（閩南語・広東語・日本語・英語由来）といった中国の語形と異なるものが存在している。(1)には①社会制度（"捷运""邮递区号""国小"など），②訳語（"程式""网际网路""软体"など），③略語（"机车"＜"机器脚踏车"，"公车"＜"公共汽车"，"电玩"＜"电动玩具"など）の相違によるものがある。(2)の例としては，"邮差""原子笔""西元"などが，(3)

---

11) 図表6縦軸の数値は「台港系語彙の収録語数/見出し語数÷見出し語総数×1,000」。

の例としては"歹勢""欧吉桑""秀"などが挙げられよう（遠藤 2002a）。

結論から言えば，主として"邮差""国语"などの旧語形は当然として，それ以外では，中国で使われるようになった"上班族""写字楼"などや，"软体"といった IT 関連の新語形が収録されているといえる。また他言語語形は，広東語由来の"买单"がその代表格であろう。逆に，台湾独自の制度を反映するような"邮递区号""国小""国中"や他言語起源である"看板""欧吉桑""古早""歹勢"などは収録されていない。ちなみに，各辞書の単語ごとの収録頻度は以下のとおりである。

図表7　台港系語彙の収録頻度

辞書数	収録語彙
9	邮差，国语，飞弹，水准
8	炒鱿鱼
7	写字楼，机器脚踏车，计程车，爱人，原子笔
6	录影，侍应生，炒股票，塞车，黑道
5	软体，电饭煲，雷射，公车，修理
4	资料，资讯，影碟，炒地皮，太空(穿)梭(机)，上班族，课室，料理，便当，速食面
3	滑鼠，硬体，买单，埋单，幽浮，头家，爱死病，保险套，秀，观光客，人气，菲林，西元
2	程式，光碟，电动玩具，电锅，录影带，便利(商)店，日币，品牌，阿巴桑，义工，国剧，塑胶
1	印表机，硬碟，网际网路，骇客，资料库，录影机，卡带，(自动)贩卖机，机车，交流道，泊车，邮片，欧巴桑，室友，耶诞(节)，玄关，菜头，柳丁，黑轮，
0	作业系统，当机，网路，网咖，电玩，电子锅，雷射唱盘，雷射唱片，贩卖部，速食店，服务生，看板，廉宜，捷运系统，捷运，邮递区号，越洋电话，欧吉桑，阿兵哥，菜鸟，国小，国中，汉药，生力面，泡面，播报员，影集，日剧，牛仔，古早，哈拉，歹勢

ところで『現汉』2002年増訂版には，次のような台港系語彙が収録されている。

长销	〈台〉ロングセラー	上班族	〈台〉サラリーマン
炒股	株式投資をする	文员	〈港〉事務員
打拼	がんばる<台湾語	写字间	〈港〉オフィス
空港	空港<日本語	写字楼	〈港〉オフィスビル
埋单・买单	〈港〉勘定をする	义工	ボランティア
人气	〈台〉人気<日本語		

『現汉』という規範的な辞書にこれだけの台港系語彙が収録されているということから，それ以上の台港系語彙が中国に入っていることが想像できるだろう。

4.2. まとめ

上述した調査の結果から，台港系語彙が現在中国でも広く使われており，今後もその傾向が続く可能性があること，中国の辞書でもそれらをより多く収録する傾向にあり，それと平行して，日本の中国語辞書でも，台港系語彙を収録する趨勢にあることが指摘できる。

一方，台湾・香港独自の制度・社会・文化を反映した語彙は，なかなか取り上げられにくいという傾向も指摘できる。これは，中国語辞書がまだ「普通話辞書」的性格を色濃く持っているからであり，中国以外の地域の中国語にあまり目を向けていないからであろう。遠藤2002aでも収録すべきと指摘した使用頻度の高い語"光碟""网际网路""网咖"など，いまだほとんど収録されていない。今後は，可能な限り，これらの地域の語彙も収録すべきであると考える。

ところで，これらの地域は，いわゆる方言地域であり，ことさらそのような「方言語彙」を収録しなくてもよい，という反論もあろうかと思う。しかし，これらの地域でも文章は標準語に則った「中文」であ

り，閩南語や広東語起源の語であっても，漢字表記され，標準語の文章で使用されることは少なくない。また，そのような文章の中の語彙を日本人が目にする可能性もあるわけだ。したがって，台湾・香港，さらにはシンガポール特有の標準語語彙を辞書に収録しても，なんら問題はなかろう。さらに，上で指摘したように，台港系語彙は今後も中国に入ってゆく可能性が高い。その場合，中国の辞書，もしくは中国の状況を後追いするのではなく，最初から台湾・香港なども視野に入れて辞書を作っておくほうがよいと考える。

なお，試案であるが，収録する場合，以下のような点に注意してはどうかと考える。

1) 台港系語彙には繁体字表記をつける[12]。さらに〈台〉〈港〉など，使用地域をより特定できるような記号を加える。

　〈記述例〉
　网际网路（網際網路）：〈台〉インターネット（＝因特网）
　网咖（網咖）：〈台〉インターネットカフェ（＝网吧）
　骇客（駭客）：〈台〉ハッカー（＝黑客）
　便当（便當）：〈台〉弁当（＝盒饭）
　塑胶（塑膠）：〈台〉〈港〉プラスチック（＝塑料）
　修理：①修理する，②〈台〉殴る

2) 語音が異なる場合は，音声情報も加える。
　〈記述例〉　和 hé ／〈台〉hàn
　　　　　　垃圾 lajī ／〈台〉lèsè

---

12) むしろ，すべての見出し語に繁体字表記を併記すべきであろう。簡繁併記ではないが，『最新中国情報辞典』（藤堂明保等編 1985 小学館）は簡体字表記と日本漢字を，「【充气包装（－気包－）】」のように，見出し語に併記している。簡繁併記の参考になるだろう。確かに，このような簡繁併記には，スペースをとる，見出し語が煩雑になるなど，問題点も少なくないかもしれないが，繁体字に接する使用者にも配慮した辞書があってもよいと考える。

5. おわりに

今までいくつかのことばに触れ，学んできた。もちろん，多くの辞書にお世話になっている。その恩恵は，計り知れないものだ。とはいえ，辞書を使っている最中に，不便さを感じるときもある。最も困るのは，訳読をやっているときに，目指す対訳語にすぐにたどり着けないことだ。特に，基本動詞などには，20も30も語義項目があり，文字通り，茫洋たる語義（あるいは対訳語）の海のただ中で，途方にくれてしまうこともある。もちろん，それは筆者が怠け者で，全体の語義項目はおろか，用例などにもきちんと目を通し，語義全体を把握しようという姿勢に欠けていたからかもしれない。次に困るのは，作文のときだ。ふつうは，まず日本語－Ｘ語辞書を引いて，それらしいＸ語の対訳語を選び，その使用法や語義が良くわからない場合は，Ｘ語－日本語辞書を見て確認する。しかし，語の用法に関する情報がほとんどなく，また類義語などの説明が不十分か要領を得ていないため，2つの辞書間を何往復しても，見当がつかないことがある。自分の要求に合致する用例を丸写しできればいいのだが，そんな都合のいい用例などめったにない。日本語－Ｘ語辞書は，いわばＸ語についての類義語辞書なのだから，複数の対訳語がある場合は，それらの違いを説明してほしいものだ。これ以外にも，目指す語が見当たらない，辞書の発音表記が実際耳にするものと食い違っているなど，問題を挙げればきりがない。

このような問題のありかたは，Ｘ語についての研究蓄積と辞書編集者の問題意識の違いで，変わってくる。中国語辞書に関しては，改善の余地はまだまだある。もちろん，万人を満足させる理想的な辞書を作ることなど，不可能だろう。しかし，理想に近づくことは可能である。本稿で考察したことがら以外にも，用例の扱いや，発信型の辞書はいかに作るべきかなど，われわれが取り組まねばならない問題は多い。

《参考文献》

赤野一郎 2001「コーパスが英和辞典を変える(リレー連載:理想の英語辞書 (3))」,『英語青年』1828:174-177

国広哲弥 1994「認知的多義論──現象素の提唱──」,『言語研究』106:22-44

国広哲弥 1997『理想の国語辞典』,大修館書店

远藤雅裕 1999「汉语动作动词的语义网络(2)──"拉"类动词──」,『中央大学論集』20:61-78

遠藤雅裕 2002a「中日辞典における台湾系語彙の扱いについて」,『語研フォーラム』16:1-28

遠藤雅裕 2002b「中日辞典における台湾系語彙の扱いについて-補遺-」,『語研フォーラム』17:67-83

瀬戸賢一 2001「意義関係を記述する(リレー連載:理想の英語辞書(2))」,『英語青年』1827:81-83

田島伸悟 2001「英和辞典-そのやり過ぎ,やり残し(リレー連載:理想の英語辞書 (4))」,『英語青年』1829:242-244

田中茂範・川出才紀 1989『動詞がわかれば英語がわかる-基本動詞の意味の世界-』,ジャパンタイムズ

《別表》

		台港系 大陸系	中日辞典							
			大修 1987	小学1 1992	小学2 2003	プロ 1998	講談1 1998	講談2 2002	三省 2001	白水 2002
		1)情報技術関連								
1	プログラム	程式	×	×	×	×	×	×	台港	×
		程序	○	○	○	○	○	○	○	○
2	OS	作業系統	×	×	×	×	×	×	×	×
		操作系統	△	×	×	△	○	○	×	×
3	プリンタ	印表機	×	×	コ	×	×	×	×	×
		打印機	×	×	○	△	×	○	△	×
4	マウス	滑鼠	×	×	台/コ	台	×	×	△台	×
		鼠標(器)	×	×	○	○	○	○	○	○
5	ハードディスク	硬碟	×	×	コ	×	×	×	×	×
		硬盤	×	×	○	○	○	○	○	○
6	光ディスク	光碟	×	×	台/コ	×	×	×	×	×
		光盤	×	○	○	○	○	○	○	○
7	ソフトウェア	軟體	○	×	台/コ	台	×	×	△台	×
		軟件	○	○	○	○	○	○	○	○
8	ハードウェア	硬體	×	×	台/コ	台	×	×	×	×
		硬件	○	○	○	○	○	○	○	○
9	フリーズする	當機	×	×	×	×	×	×	×	×
		死機	×	×	○	○	○	○	×	×
10	インターネット	網際網路	×	×	×	×	×	コ	×	×
		因特網	×	×	○	○	○	○	×	×
		互聯網	×	×	○	○	○	△	○	○
11	ネットワーク	網路	×	×	×	×	×	×	×	×
		網絡	×	○	○	○	○	○	○	○
12	インターネットカフェ	網咖	×	×	×	×	×	×	×	×
		網吧	×	×	○	○	○	○	○	○
13	ハッカー	駭客	×	×	コ/(台)	×	×	×	×	×
		黑客	×	×	○	○	○	○	○	○
14	ゲーム/電動玩具	電動玩具	×	△	○	×	×	×	×	×
		電玩	×	×	×	×	×	×	×	×
		電子遊戲	×	×	○	△	×	×	×	×
15	データ	資料	○	×	×	台	×	×	○	×
		數據	○	○	○	○	×	○	○	○
16	データベース	資料庫	×	×	×	△	×	×	×	×
		數據庫	○	×	○	×	○	○	△	△
17	情報	資訊	×	×	方	○	×	×	△台	×
		信息	○	○	○	○	○	○	○	○

	中日辞典				中中辞典			台港語彙辞典			
東方 2004	三修 1997	新語 2000	収録数	見出し語数	現汉 1996	応用 2000	教育 -	词典 1997	大陆 1994	手册 2000	常用 2000
	1)情報技術関連
○	×	台	2	2	×	×	○	×	○	○	○
○	○	△	9	9	×	×	×	-	-	-	-
×	×	×	0	0	×	×	○	×	×	○	×
×	×	×	4	2	×	○	×	-	-	-	-
×	×	×	1	0	×	×	○	×	×	○	○
○	×	×	6	4	○	×	×	-	-	-	-
×	×	台港	3	2	×	×	○	×	×	○	○
○	×	○	7	7	×	×	○	-	-	-	-
×	×	×	1	0	×	×	○	×	×	○	○
○	×	×	6	6	×	×	○	-	-	-	-
○	×	×	2	2	×	×	○	×	×	×	×
○	×	○	6	6	×	×	○	-	-	-	-
△	○	方	5	3	×	△台	○	×	○	○	○
○	×	○	9	9	○	×	大	-	-	-	-
△台	○	台港	3	2	×	△台	○	×	×	○	○
○	○	○	9	9	○	○	×	-	-	-	-
×	×	×	0	0	×	×	○	×	×	×	×
○	×	×	4	4	×	○	×	-	-	-	-
×	×	×	1	0	×	×	×	×	×	×	×
○	×	○	6	6	×	○	×	-	-	-	-
○	×	○	4	3	×	×	×	-	-	-	-
×	×	×	0	0	×	×	○	×	×	×	○
○	×	○	8	8	○	○	×	-	-	-	-
×	×	×	0	0	×	×	×	×	×	×	×
○	×	○	5	5	×	×	×	-	-	-	-
×	×	台	1	0	×	×	○	×	×	×	○
○	×	○	6	6	×	○	×	-	-	-	-
×	×	×	2	1	△	×	○	×	×	○	×
×	×	×	0	0	×	×	○	×	×	△	○
○	×	×	5	4	×	○	×	-	-	-	-
○	○	×	4	4	×	×	○	×	×	○	○
○	×	×	8	8	×	×	○	-	-	-	-
	×	×	1	0	×	×	○	×	×	×	×
○	○	○	7	5	×	×	○	-	-	-	-
○	○	方	4	3	×	×	○	×	○	×	○
○	○	×	9	9	○	○	×	-	-	-	-

	台港系	中日辞典							
	大陸系	大修 1987	小学1 1992	小学2 2003	プロ 1998	講談1 1998	講談2 2002	三省 2001	白水 2002
	2)家電関連								
18電気釜	電子鍋	×	×	×	×	×	×	×	×
	電鍋	○	×	×	×	×	×	△台	×
	電飯煲	広	×	○	△	×	×	×	○
	電飯鍋	×	×	○	○	×	○	○	○
19録画	錄影	○	×	方	×	○	○	△台	台港
	錄像	○	○	○	○	○	○	○	○
20ビデオテープ	錄影帶	×	×	×	台港	×	×	×	△
	錄像(磁)帶	○	△	○	△	○	○	○	○
21ビデオデッキ	錄影機	×	×	×	×	×	×	×	△方
	錄像機	○	○	○	△	○	○	○	△
22レーザー	雷射/鐳射	×	台	台	台	×	×	△台	方
	激光	○	○	○	○	○	○	○	○
23LD・VCD・DVD等	影碟	×	×	方	×	方	○	×	方
	激光視盤	×	×	○	△	○	○	×	×
24CD	雷射唱盤	×	×	×	×	×	×	×	×
	雷射唱片	×	×	×	×	×	×	×	×
	激光唱片	○	×	△	○	○	○	△	○
25カセットテープ	卡帶	×	×	×	×	×	×	×	×
	盒式磁帶/盒式錄音帶	○	×	×	△	×	×	○	×
	盒帶	×	×	○	○	○	○	×	×

中日辞典			収録数	見出し語数	中中辞典			台港語彙辞典			
東方 2004	三修 1997	新語 2000			現汉 1996	应用 2000	教育 -	词典 1997	大陆 1994	手册 2000	常用 2000
2)家電関連												
×	×	×	0	0	×	×	○	×	○	○	×
×	○	×	2	1	×	×	○	×	×	×	×
○	×	○	5	4	×	○	×	×	×	○	×
○	×	○	6	6	×	○	×	-	-	-	-
×	×	台港	6	5	方	×	○	○	×	×	○
○	×	○	9	9	○	○	×	-	-	-	-
×	○	台港	2	1	×	×	○	○	○	×	○
○	×	○	9	7	○	○	大	-	-	-	-
×	○	×	1	0	×	×	○	○	○	×	○
○	△	×	9	7	○	○	大	-	-	-	-
×	×	○	5	4	×	×	○	△	○	○	○
○	○	×	9	9	○	○	大	-	-	-	-
×	×	方	4	4	方	○	○	○	○	×	×
○	×	×	4	3	×	×	大	-	-	-	-
×	×	×	0	0	×	×	○	×	○	×	○
×	×	△	0	0	×	×	○	×	○	×	×
○	○	○	7	5	×	×	大	-	-	-	-
×	×	○	1	1	○	×	○	×	○	○	×
○	×	×	4	3	△	△	大	-	-	-	-
○	×	○	5	5	○	○	×	-	-	-	-

		台港系	中日辞典						
		大陸系	大修 1987	小学1 1992	小学2 2003	プロ 1998	講談1 1998	講談2 2002	三省 2001	白水 2002
		3)経済関連								
26	コンビニエンスストア	便利(商)店	×	×	○	×	×	○	×	×
		方便(商)店	×	×	△	△	×	×	×	×
27	売店	販賣部	×	×	×	×	×	×	×	×
		小賣部	○	○	○	○	○	○	○	○
28	ファーストフード店	速食店	×	×	×	×	×	×	×	×
		快餐店	×	△	△	×	△	△	△	×
29	サービス員等	服務生	×	×	×	×	×	×	×	×
		侍應生	旧	旧	旧	×	旧	旧	×	旧/方
		服務員	○	○	○	○	○	○	○	△
30	日本円	日幣	○	×	×	×	×	×	×	○
		日圓	○	○	○	○	○	○	○	○
31	自動販売機	(自動)販賣機	○	×	×	×	×	×	×	×
		自動售貨機	×	×	×	△	×	×	×	△
32	商標・ブランド	品牌	×	×	○	×	×	×	×	×
		商標	○	○	○	○	○	○	○	○
33	看板	看板	×	×	×	×	×	×	×	×
		招牌	○	○	○	○	○	○	○	○
34	安い	廉宜	×	×	×	×	×	×	×	×
		便宜	○	○	○	○	○	○	○	○
35	土地投機をする	炒地皮	×	×	△	△	△	△	△	×
36	株をやる	炒股票	○	×	△	△	△	△	△	×
37	解雇する	炒魷魚	×	方	○	○	方	方	○	○
38	勘定を払う	買單	×	×	×	×	×	○	×	×
		埋單	×	×	×	×	×	○	×	×
39	オフィスビル	寫字樓	広	×	○	○	○	○	方	×

中日辞典			収録数	見出し語数	中中辞典			台港語彙辞典			
東方 2004	三修 1997	新語 2000			现汉 1996	应用 2000	教育 -	词典 1997	大陆 1994	手册 2000	常用 2000
	3)経済関連										
×	×	○	2	2	×	×	○	港	×	×	○
×	×	×	2	0	×	×	×	-	-	-	-
×	×	×	0	0	×	×	○	×	○	×	×
○	○	×	9	9	○	○	○	-	-	-	-
×	○	○	0	0	×	×	○	○	×	×	○
○	×	×	6	1	×	○	×	-	-	-	-
×	×	×	0	0	×	×	○	○	○	港	○
×	×	×	6	6	×	×	○	×	×	×	×
○	○	○	9	8	×	×	×	-	-	-	-
×	×	×	2	2	×	×	×	×	×	×	×
○	×	×	9	9	○	○	×	-	-	-	-
×	△	×	1	1	×	×	○	×	×	×	○
×	×	×	2	0	×	×	×				
○	×	×	2	2	×	×	○	×	○	×	○
○	○	×	9	9	○	○	×	-	-	-	-
×	×	×	0	0	×	×	○	×	○	○	○
○	○	×	9	9	○	○	○	-	-	-	-
×	×	○	0	0	×	×	○	×	○	○	○
○	○	×	9	9	○	○	○	-	-	-	-
×	×	×	4	0	△	×	○	×	×	×	○
×	×	×	6	1	×	△	×	×	×	×	×
○	○	○	8	8	×	△	○	○	×	×	○
○	×	×	3	3	×	粤	○	○	×	×	○
○	×	○	3	3	×	×	×	○	×	×	○
○	×	方	7	7	×	○	○	○	×	×	×

4) 交通・通信関連

		中日辞典							
	台港系 大陸系	大修 1987	小学1 1992	小学2 2003	プロ 1998	講談1 1998	講談2 2002	三省 2001	白水 2002
40 オートバイ	機車	×	×	×	×	×	×	○	×
	機器腳踏車	方	方	方	方	方	方	×	×
	摩托車	○	○	○	○	○	○	△	△
41 タクシー	計程車	×	×	方	台	方	方	○	方
	的士	広	×	方	○	方	方	△	○
	出租汽車	△	○	○	○	○	○	○	△
42 バス	公車	×	×	○	○	×	コ	○	方
	巴士	広	○	方	○	方	方	×	○
	公共汽車	○	○	○	○	○	○	△	○
43 インターチェンジ	交流道	×	×	×	×	×	コ	×	×
44 高速輸送システム	捷運係統	×	×	×	×	×	×	×	×
	捷運	×	×	×	×	×	×	×	×
45 駐車	泊車	×	×	△	×	×	×	×	×
	停車	○	○	○	○	○	○	○	○
46 渋滞	塞車	×	×	○	○	×	○	△	○
	堵車	×	×	○	○	○	○	○	×
47 スペースシャトル	太空(穿)梭(機)	×	×	△台	△台	×	コ	×	△
	航天飛機	△	△	○	△	○	○	△	△
48 UFO	幽浮	×	×	○	×	×	コ	×	外
	飛碟	○	○	○	○	○	○	×	○
49 郵便配達員	郵差	旧	旧	旧	旧	旧	旧	旧	旧
	郵遞員	○	○	○	×	○	○	△	○
50 ハガキ	郵片	○	×	×	×	×	×	×	×
	明信片	○	○	○	○	○	○	○	○
51 郵便番号	郵遞區號	×	×	×	×	×	×	×	×
	郵政編碼	○	△	△	○	○	○	△	△
52 国際電話	越洋電話	×	×	×	×	×	×	×	×
	國際電話	×	×	△	△	△	△	×	×

理想の中国語辞書(遠藤)・35

中日辞典			収録数	見出し語数	中中辞典			台港語彙辞典			
東方 2004	三修 1997	新語 2000			現汉 1996	応用 2000	教育 -	词典 1997	大陆 1994	手册 2000	常用 2000
4) 交通・通信関連												
×	×	×	1	1	×	×	○	×	○	○	○
△	×	×	7	6	○	△	○	○	×	△	×
○	△	×	9	7	○	○	○	-	-	-	-
○	△	方	7	7	方	○	○	○	○	○	○
○	○	○	8	7	方	粤	○	港	×	×	×
○	△	×	9	7	○	○	×	-	-	-	-
○	×	×	5	4	×	○	○	○	○	○	○
○	○	○	8	8	方	○	○	○	○	×	○
○	△	×	9	8	○	○	○	-	-	-	-
×	×	×	1	0	×	×	○	×	○	×	○
×	×	×	0	0	×	×	○	×	×	×	×
×	×	×	0	0	×	×	○	×	×	×	×
×	×	×	1	0	△	×	○	港	○	○	○
○	○	×	9	9	○	○	○	-	-	-	-
×	○	○	6	5	○	○	○	○	○	×	×
○	×	×	6	6	○	○	×	-	-	-	-
×	○	台港	4	0	×	×	○	△	○	○	○
○	×	○	9	4	○	○	大	-	-	-	-
×	×	台港	3	2	×	×	○	×	○	○	○
○	○	○	8	8	○	○	○	-	-	-	-
旧	○	×	9	9	旧	旧	○	×	○	△	×
○	×	×	8	7	×	×	○	-	-	-	-
×	×	×	1	1	×	×	○	×	○	×	○
○	○	×	9	9	○	○	○	-	-	-	-
×	×	×	0	0	×	×	○	×	×	○	○
×	×	○	8	3	○	○	×	-	-	-	-
×	×	台港	0	0	×	×	○	×	○	×	○
×	×	×	4	0	×	△	×	-	-	-	-

	台港系 大陸系	中日辞典							
		大修 1987	小学1 1992	小学2 2003	プロ 1998	講談1 1998	講談2 2002	三省 2001	白水 2002
5) 社会・人間関係関連										
53 おばさん・おばあさん	阿巴桑	×	×	方	台	×	×	×	×
	歐巴桑	×	×	×	台	×	×	×	×
54 おじさん・おじいさん	歐吉桑	×	×	×	×	×	×	×	×
55 恋人・愛人	愛人	○	○	○	○	×	×	○	○
	情人	○	○	○	○	○	○	○	○
56 主人・ボス	頭家	×	×	方	×	方	×	×	方
	老闆	○	○	○	○	○	○	○	旧
57 サラリーマン層	上班族	×	×	○	△	×	コ	×	×
58 ルームメート	室友	×	×	×	△	×	×	×	×
	同屋	○	○	○	○	○	○	○	○
59 兵隊さん	阿兵哥	×	×	×	×	×	×	×	×
60 新人	菜鳥	×	×	×	×	×	×	×	×
61 ボランティア	義工	×	×	○	×	×	×	×	×
62 小学校	國小	×	×	×	×	×	×	×	×
	小學	○	○	○	○	○	○	○	○
63 中学校	國中	×	×	×	×	×	×	×	×
	中學	○	○	○	○	○	○	○	○
64 教室	課室	○	×	○	×	○	○	×	×
	教室	○	○	○	○	○	○	○	○
65 標準語	國語	○	○	○	○	旧	旧	○	旧/台
	普通話	○	○	○	○	○	○	○	○
66 クリスマス	耶誕(節)	○	×	×	×	×	×	×	×
	聖誕節	○	○	○	○	○	○	○	△
67 裏社会や闇組織	黑道	×	○	○	○	○	○	○	○
	黑社會	×	○	○	○	○	○	○	○
6) 生活・衛生関連										
68 玄関	玄關	文	×	×	×	×	×	×	×
69 漢方薬	漢藥	×	×	×	×	×	×	×	×
	中藥	○	○	○	△	○	○	○	○
70 エイズ	愛死病	○	×	×	△台	×	コ	×	×
	艾滋病愛滋病	○	○	○	○	○	○	○	○
71 コンドーム	保險套	○	○	○	×	×	×	×	×
	避孕套	○	△	△	△	△	△	△	△

理想の中国語辞書(遠藤)・37

中日辞典			収録数	見出し語数	中中辞典			台港語彙辞典			
東方 2004	三修 1997	新語 2000			現汉 1996	応用 2000	教育 -	词典 1997	大陆 1994	手册 2000	常用 2000
\multicolumn{12}{c}{5)社会・人間関係関連}											
×	×	×	2	2	×	×	○	○	○	×	○
×	×	×	1	1	×	×	○	○	○	○	○
×	×	×	0	0	×	×	○	×	○	○	×
○	○	×	7	7	○	○	○	○	○	○	○
○	○	×	9	9	○	○	○	-	-	-	-
×	×	×	3	3	方	×	○	○	○	○	×
○	○	×	9	9	○	○	○	-	-	-	-
○	×	×	4	4	×	○	○	×	○	×	○
×	×	×	1	0	×	×	○	×	×	×	×
○	×	×	8	8	×	×	×	-	-	-	-
×	×	×	0	0	×	×	○	○	○	○	○
×	×	×	0	0	×	×	○	×	×	×	○
○	△	×	2	2	×	×	○	×	○	○	○
×	×	×	0	0	×	×	○	○	○	○	○
○	○	×	9	9	○	○	○	-	-	-	-
×	×	×	0	0	×	×	○	○	×	○	○
○	○	×	9	9	○	○	旧	-	-	-	-
×	×	×	4	4	○	○	×	○	×	○	×
○	○	×	9	9	○	○	○	-	-	-	-
旧/台	×	×	9	9	旧	旧	○	○	×	×	○
○	×	×	9	9	○	○	大	-	-	-	-
×	×	×	1	1	×	×	○	×	○	○	○
○	×	×	9	8	○	○	○	-	-	-	-
○	×	×	6	6	○	○	○	×	○	×	×
○	○	○	8	8	○	○	○	-	-	-	-
\multicolumn{12}{c}{6)生活・衛生関連}											
×	×	×	1	1	×	×	○	○	○	○	○
×	×	×	0	0	×	×	×	○	○	×	○
○	○	×	9	8	○	○	○	-	-	-	-
×	×	○	3	1	×	×	×	×	○	○	○
○	○	○	9	9	×	○	○	-	-	-	-
×	×	×	3	3	×	×	○	○	○	×	○
○	×	○	9	2	×	×	○	-	-	-	-

		台港系	中日辞典						
		大陸系	大修 1987	小学1 1992	小学2 2003	プロ 1998	講談1 1998	講談2 2002	三省 2001	白水 2002
		7)飲食関連								
72	料理	料理	×	△台	○	台	×	×	×	×
		菜	○	○	○	○	○	○	○	○
73	弁当	便當	×	×	△台	△台	×	×	○	×
		盒飯	○	○	○	○	○	○	×	×
74	インスタントラーメン	速食麵	×	×	方	△	方	方	×	×
		生力麵	×	×	×	×	×	×	×	×
		泡麵	×	×	×	×	×	×	×	×
		方便麵	○	○	○	○	○	○	○	△
75	大根	菜頭	○	×	×	×	×	×	×	×
		蘿蔔	○	○	○	○	○	○	○	○
76	ネーブル	柳丁	×	×	×	○	×	×	×	×
77	魚の練り製品の一種	黑輪	×	×	×	台	×	×	×	×
		8)文化・娯楽関連								
78	アナウンサー	播報員	×	×	×	×	×	×	×	×
		播音員	△	△	△	△	○	○	△	△
79	連続テレビドラマ	影集	×	×	×	×	×	×	×	×
		(電視)連續劇	×	×	○	△	×	×	×	×
80	日本製ドラマ	日劇	×	×	×	×	×	×	×	×
81	京劇	國劇	×	×	○	台	×	×	×	×
		京劇	○	○	○	○	○	○	○	○
82	ショー・演じる	秀	×	×	×	台	×	×	台	×
		表演	○	○	○	○	○	○	○	○
83	観光客	觀光客	△	×	△	×	×	×	×	×
		遊客	○	○	○	○	○	○	○	○
84	人気	人氣	×	×	○	×	×	○	×	×
		9)物品関連								
85	万年筆	原子筆	○	○	旧	○	×	コ	○	△
		圓珠筆	○	○	○	○	○	○	○	○
86	フィルム	菲林	○	×	方	×	外	×	×	×
		膠卷	○	○	○	○	○	○	○	○
87	プラスチック	塑膠	○	×	×	×	×	×	×	台港
		塑料	○	○	○	○	○	○	○	○
88	原料	生貨	×	×	×	×	×	×	×	×
		原料	○	○	○	○	○	○	○	○
89	ミサイル	飛彈	○	○	○	○	○	○	○	○
		導彈	○	○	○	○	○	○	○	○

中日辞典			中中辞典			台港語彙辞典			
東方 2004	三修 1997	新語 2000	収録数	見出し語数	現汉 1996	应用 2000	教育 -	词典 1997	大陆 1994	手册 2000	常用 2000
7) 飲食関連										
○	×	×	4	3	×	○	○	○	○	○	○
○	○	×	9	9	○	○	○	-	-	-	-
台	×	×	4	2	×	台	○	○	○	○	○
○	×	○	7	7	○	○	×	-	-	-	-
×	○	○	4	3	方	×	○	○	○	○	○
×	×	×	0	0	×	×	○	×	○	×	○
×	×	×	0	0	×	×	○	×	×	○	○
○	○	○	9	8	○	○	大	-	-	-	-
×	×	×	1	1	×	×	○	×	×	○	×
○	○	×	9	9	○	○	○	-	-	-	-
×	×	×	1	1	×	×	○	×	×	×	×
×	×	×	1	1	×	×	○	×	×	×	×
8) 文化・娯楽関連										
×	×	×	0	0	×	×	○	×	○	○	×
○	×	×	9	3	△	○	○	-	-	-	-
×	×	×	0	0	×	×	○	○	○	○	×
○	×	○	7	6	○	○	○	-	-	-	-
×	×	×	0	0	×	×	×	×	×	×	×
○	×	×	2	2	○	○	○	×	○	○	×
○	○	×	9	9	○	○	○	-	-	-	-
○	×	○	3	3	×	○	○	○	○	○	○
○	○	×	9	9	○	○	○	-	-	-	-
△	×	×	3	0	△	○	○	×	○	×	○
○	○	×	9	9	○	○	○	-	-	-	-
○	×	×	3	3	×	×	×	×	×	○	○
9) 物品関連										
×	×	台	7	5	×	旧	○	○	○	×	○
○	○	×	9	9	○	○	大	-	-	-	-
×	×	方	3	3	方	×	○	○	○	×	×
○	○	×	9	9	○	○	○	-	-	-	-
×	○	×	2	2	×	×	○	○	○	○	○
○	△	×	9	9	○	○	○	-	-	-	-
×	×	×	0	0	×	×	×	×	○	×	○
○	×	×	9	9	○	○	○	-	-	-	-
○	○	台港	9	9	○	台	○	○	○	○	×
○	○	×	9	9	○	○	○	-	-	-	-

	台港系	中日辞典						
	大陸系	大修 1987	小学1 1992	小学2 2003	プロ 1998	講談1 1998	講談2 2002	三省 2001	白水 2002
10)時間関連								
90 西暦	西元	○	×	旧	×	旧	旧	×	×
	公元	○	○	○	○	○	○	○	○
91 昔	古早	×	×	×	×	×	×	×	×
11)その他								
92 レベル	水準	○	○	○	○	○	○	○	○
	水平	○	○	○	○	○	○	○	○
93 殴る	修理	×	×	方	×	○	○	台	方
94 おしゃべりする	哈拉	×	×	×	×	×	×	×	×
95 もうしわけない	歹勢	×	×	×	×	×	×	×	×
	収録数	28	13	54	36	19	23	24	22
	見出し語数	27	11	45	25	17	20	16	18

中日辞典					中中辞典			台港語彙辞典			
東方 2004	三修 1997	新語 2000	収録数	見出し語数	現汉 1996	应用 2000	教育 -	词典 1997	大陆 1994	手册 2000	常用 2000
10)時間関連												
×	×	×	3	3	旧	×	○	×	○	○	○
○	○	×	9	9	○	○	○	-	-	-	-
×	×	×	0	0	×	×	○	○	×	×	×
11)その他												
○	○	×	9	9	○	○		○	○	○	×
○	○	×	9	9	○	○		-	-	-	-
×	×	×	5	5	方	×	×	○	○	○	×
×	×	×	0	0	×	×	×	×	×	×	×
×	×	×	0	0	×	×	○	○	×	×	×
32	20	31			22	23					
28	17	30			18	21					

<凡例>

○見出し語
- 方　　方言
- 台　　台湾
- 粤/広　広東語
- 旧　　旧語
- 外　　外来語
- 大　　大陸
- 文　　文語

△　見出し語ではないが、語義解説・注記・用例などで触れられているもの。

コ　コラム

×　未収録

—　対象外

動詞と名詞の区分をめぐって

―― 品詞表示の比較のモデルケースとして ――

三宅登之（東京外国語大学）

1. 中国語の辞書における品詞表示

   1.1. 中国語の品詞分類

   1.2. 兼類とは

   1.3. 動詞と名詞の区分の問題

2. 辞書での品詞表示の調査

   2.1. 調査対象の辞書

   2.2. 動詞と名詞のモデルケース調査

   2.3. データ分析

3. 動詞と名詞の表示不一致の検討

   3.1. 語彙的意味の関連性のスケール

   3.2. 異型兼類語について

   3.3. 同型兼類語について

   3.4. 異型兼類語と同型兼類語の区分

4. まとめ ―― 品詞表示の相違の原因

1. 中国語の辞書における品詞表示

1.1. 中国語の品詞分類

周知のように，中国語の品詞分類は一筋縄では片付かない大問題である。このことが中国語の辞書にも反映されている。中国で最も規範となる『現代汉语词典』の現時点での最新版『現代汉语词典 2002 年増補本』(中国社会科学院语言研究所词典编辑室编，商务印书馆，2002年)にも，一部虚詞には品詞が記されているものの，実詞を含めた全体を網羅する品詞表示はない。また，日本においても，筆者が編集に係わった『中日辞典第 2 版』(北京・商務印書館/小学館共同編集，小学館，2003 年)でも同様に，虚詞を除き品詞表示はされていない。中国語を知らない人からは，中国語の辞書には品詞が載っていないものがあると知って驚かれることが少なくない。

ただし，中国語の品詞分類が現在に至っても諸家によってばらばらで混乱状態にあるということではもちろんない。品詞分類の基準としては，語の意味や形態から決定するのではなく，語の機能，すなわち語がどの文法成分になりうるか，またどのような語と結びつくかという点が，ほぼ現在の主流の立場となっていると考えてよいであろう。次の(1)は，朱 1985, 5 の有名な図で，中国語の品詞とそれが担当しうる文法成分が，基本的に一対一対応の印欧語などと異なり，一対多対応であることを示している[1]。

---

[1] 名称は日本語に訳してある。また，陆 1993, 80 では，名詞と述語を結ぶ点線が実線に，また動詞と連体修飾語の間が新たに点線で結ばれるなどの修正が加えられている。

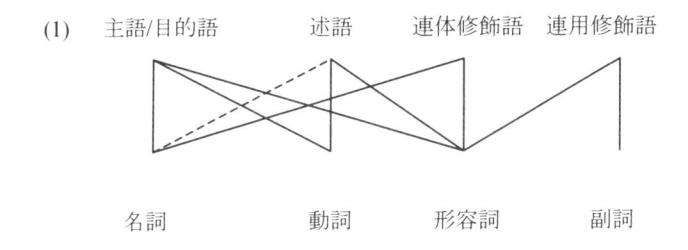

(1)　主語/目的語　　述語　　連体修飾語　連用修飾語

　　　名詞　　　　動詞　　　形容詞　　　副詞

小論でも基本的にはこの品詞分類のコンセプトに基づいて議論を進めることにする。中でも(1)において，動詞と主語／目的語が実線で結ばれている点，すなわち中国語においては動詞がそのままで主語や目的語に立てるという点が，小論での議論のキーポイントとなる。

このような文法機能に基づいて分類された中国語の品詞であるが，その分類の細部では，諸家によって若干の出入りがある。例えば陸1999では，①名詞，②動詞，③形容詞，④状態詞，⑤区別詞，⑥数詞，⑦量詞，⑧代詞，⑨副詞，⑩介詞，⑪接続詞，⑫助詞，⑬語気詞，⑭擬声詞，⑮感嘆詞の 15 の品詞に分類しているが，他の説では④状態詞や⑤区別詞を③形容詞に含めている分類もあれば，⑬語気詞を⑫助詞の中に含める分類もある。また逆にこの分類では名詞の中に畳み込んでいるものから，「場所詞」「時間詞」「方位詞」として別個の品詞を独立させる考えもある。小論は中国語の品詞体系全体を検討することが目的ではないので，この点はこれ以上は議論しないが，およそどの分類でも名詞と動詞の 2 つの品詞が存在しない分類はないものと思われる。ただしこの 2 つの品詞の間には，どちらに帰属させるかの判断が困難な一連の語が存在している。

1.2. 兼類とは

ここで，2 つの品詞を区分する際に問題となる「兼類」という概念に

ついて確認しておく。兼類とは，1つの語が2つの品詞を兼ねていることである。例えば，

  (2) 紅 ①形容詞（赤い）很红／红太阳／太阳红

       ②動詞（赤くする）红了脸／红着脸

  (3) 科学 ①名詞（科学）社会科学

       ②形容詞（科学的である）这个方法很科学

において，(2)では"紅"という語は「赤い」という意味の形容詞でもあるし，「赤くする」という動詞でもあり，形容詞と動詞の2つの品詞を兼ねているということである。(3)も同様に"科学"という語は名詞と形容詞の2つの品詞を兼ねている。なお，よくあげられる次のような例であるが，

  (4) 白 形容詞（白い）一张白纸

    白 副詞（無駄に）白跑一趟

この場合，"白"という音声形式も表記も同じであるが，「白い」という意味と「無駄に」という意味の間に（少なくとも共時的なレベルでは）関連は見出せないので，これらは1語ではなく別個の2語であるということになる[2]。すなわち(2)や(3)の兼類語のほうでは，2つの品詞の間の語彙的意味に強い関連性があり，異なるのは文法的な意味だ

---

2) 同音語が異なる2語だということと，辞書の上でそれぞれ別個の親文字が立項されているかという問題は別問題で，上記"白""白"も，1つの親文字"白"の中に統合して記述されている場合もある。一方では『現代汉语词典』のように"白[1]""白[2]""白[3]"とそれぞれ別個の親文字を立てるものもある。

ということである。この文法的意味の相違が、形容詞の場合は"很"の修飾を受けるとか、動詞の場合は目的語をとるなどの統語形式に反映されているのである。

1.3. 動詞と名詞の区分の問題

さて、小論で検討する動詞と名詞の境界についてだが、例えば次のような例は兼類であると、この段階では一応考えておくこととする[3]。

(5) 代表　　①動詞（代表する）代表全体工人

②名詞（代表）选了两名代表

では動詞的意味と名詞的意味を兼ね備えた一連の語をすべて兼類と処理すればいいかというと、そうではない。

(6) 这本书的出版是有重要意义的。（この本の出版は重要な意味を持っている。）

この例において、"出版"は「出版」という名詞だと考えることも可能かもしれない。しかしこの場合

(7) 这本书的迟迟不出版是有原因的。（この本が遅々として出版されないのは原因がある。）

のように、副詞の修飾を受けることができることからも、"出版"が動詞のままで主語に立っていると考えるのが妥当である。そもそもこのような例をすべて動詞と名詞の兼類と考えていくと、動詞と名詞の

---

3) このような語の扱いについては、詳しくは 3.2. で述べる。

兼類が大量になってしまい，分類の意味自体が薄れてしまうという分類手続き上の理由もある。

ただしここで問題となるのは，"代表"のような兼類語と，"出版"のような一見名詞かのようにも見える主語の位置に立っている動詞とを，いかに区別すべきかということである。なぜならこの2つの処理上の違いは，辞書の上での品詞の表示の違いに反映されるからである。この区別の基準については後に検討するが，次章ではまず，実際の辞書における品詞表示の実態を調査してみよう。

2. 辞書での品詞表示の調査

2.1. 調査対象の辞書

以下では動詞と名詞の区分について，実際に辞書の品詞表示を検討してみる。

まず調査対象とする辞書を定めよう。中国語辞典の品詞表示の情況であるが，前述したように，『現代汉语词典』を始めとして，以前は表示がされていないのが普通であった。しかしここ数年は，中国語辞典でも品詞表示をしているものが増加傾向にある。

まず日本の辞書であるが，前述したように小学館の『中日辞典第2版』は品詞表示をしていないので，小論での考察対象からは外した。日本の辞書で品詞表示があるものとして今回の調査対象としたのは，以下のものである[4]。

―――――――――――――――――

4) 以下の情報はすべて奥付に記載されているものに基づく。

(8)

書名	編者	出版社	発行	略
講談社中日辞典 第二版	相原茂	講談社	2002	講
白水社中国語辞典	伊地智善継	白水社	2002	白
東方中国語辞典	相原茂・荒川清秀・大川完三郎	東方書店	2004	東
クラウン中日辞典	松岡榮志(編修主幹)	三省堂	2001	ク
デイリーコンサイス中日辞典	杉本達夫・牧田英二・古屋昭弘	三省堂	1998	デ

これらはそれぞれ収録語数などの面で規模の異なるものも含まれるが、今回調査する語はすべて比較的基礎的な語彙であるので、すべての辞書に立項されており、かつそれに品詞が付されているので、ほぼ調査に影響はないと考えて採用した。

また、小論では日本の辞書のみならず、中国で発行された辞書も参考のために同様に調査することにした。中国の辞書も、『现代汉语词典』はその最新版でも品詞が付されていないことからわかるように、従来はずっと品詞が付されていないものが一般的であった。しかし日本と同様、近年は品詞表示のあるものが増えてきている。今回調査したのは次の辞書である。

(9)

書名	編者	出版社	発行	略
现代汉语用法词典	闵龙华	江苏少年儿童出版社	1994	用
现代汉语学习词典	孙全洲	上海外语教育出版社	1995	学
应用汉语词典	商务印书馆辞书研究中心	商务印书馆	2000	应
现代汉语规范词典	李行健	外语教学与研究出版社　语文出版社	2004	规
现代汉语小词典 第4版	中国社会科学院语言研究所词典编辑室	商务印书馆	2004	小

もちろん中国ではこれ以外にも，品詞の表示された辞書はあるが，その多くは外国人の中国語学習用に編纂された常用語のみの学習辞典などであるため，今回は一般の中型辞典として(9)の5種に対象を絞った。

なお(9)の中でも特に『現代汉语小词典 第4版』は品詞表示の流れの中で重要な位置を占める。これは前述の，中国で最も規範とされる『現代汉语词典』の簡約版という位置づけであるが，前版の第4版（『現代汉语小词典 1999年修订本』，中国社会科学院语言研究所词典编辑室编，商务印书馆，1999年）から，元になる『現代汉语词典』には付されていない品詞を付すという試みを始めている。中国社会科学院語言研究所の品詞の面での判断を知ることができるという点で，注目に値すると言えよう。

2.2. 動詞と名詞のモデルケース調査

さて，実際に2.1.で紹介した辞書で，動詞か名詞か紛らわしい可能性のある語について，どのような品詞が付されているかを調査した。

調査する語は次のように選定した。まず胡1996の中で"双音节书面语动名兼类词"として挙げられているものが349語あるが，このうち，朱1982，朱1985，朱1986，刘等2001，郭2002でなどの先行研究で，「名動詞」[5]と扱われたり動詞と名詞の兼類として例が挙がっているものを選んだ。辞書によって採用されていない語があった場合はその語は今回の調査対象には加えず，合計100語を選んだ。

---

5) 朱德熙の定めた概念。詳細は3.3.で述べる。

(10)

	講	白	東	ク	デ	用	学	应	规	小
爱好	V N	V N	V N	V	V N	V	V	V N	V N	V N
安排	V	V	V N	V	V	V	V	V	V	V
保管	V N	V N	V N	V N	V N	V N	V N	V N	V N	V N
保障	V N	V N	V N	V N	V N	V N	V N	V N	V N	V N
报复	V	V	V	V N	V	V	V	V	V	V
报告	V N	V N	V N	V N	V N	V N	V N	V N	V N	V N
变化	V N	V N	V N	V	V	V	V	V	V	V
表演	V N	V	V N	V	V N	V	V	V	V	V
剥削	V	V	V	V N	V	V	V	V	V	V
补助	V	V N	V N	V N	V	V	V N	V N	V N	V N
部署	V	V N	V N	V	V	V	V	V N	V	V
处分	V N	V N	V N	V N	V N	V N	V	V N	V N	V N
刺激	V N	V N	V N	V N	V	V	V	V N	V N	V N
答复	V N	V N	V N	V N	V N	V	V	V N	V N	V N
代表	V N	V N	V N	V N	V N	V N	V N	V N	V N	V N
调查	V N	V N	V N	V	V	V	V	V N	V	V
斗争	V N	V N	V N	V N	V	V	V	V N	V	V
对比	V N	V N	V N	V N	V N	V N	V	V N	V N	V N
发展	V	V	V	V	V	V	V	V	V	V
翻译	V N	V N	V N	V N	V N	V N	V N	V N	V N	V N
反映	V N	V N	V N	V N	V N	V N	V N	V N	V N	V N
分析	V N	V	V N	V	V	V	V	V	V	V
俘虏	V N	V N	V N	V N	V N	V N	V N	V N	V N	V N
负担	V N	V N	V N	V N	V N	V N	V N	V N	V N	V N
改革	V N	V N	V	V N	V	V	V	V N	V N	V N
干扰	V N	V N	V N	V N	V N	V N	V N	V N	V N	V N
革新	V	V	V	V N	V N	V	V	V	V	V
工作	V N	V N	V N	V N	V N	V N	V N	V N	V N	V N
贡献	V N	V N	V N	V N	V N	V N	V N	V N	V N	V N
构思	V N	V N	V N	V	V	V	V N	V N	V N	V
估计	V N	V	V							
规定	V N	V N	V N	V N	V N	V N	V N	V N	V N	V N
号召	V N	V N	V N	V N	V N			V	V	V
合作	V	V N	V N	V N	V	V	V N	V N	V N	V N
幻想	V N	V	V N	V	V	V	V	V	V N	V
回答	V N	V N	V N	V N	V N	V N	V N	V N	V N	V N
贿赂	V N	V N	V N	V N	V N	V	V	V N	V N	V N
汇报	V N	V N	V N	V N	V N	V	V	V N	V N	V
活动	V N	V N	V N	V N	V N	V N	V N	V N	V N	V N
记录	V N	V N	V N	V N	V N	V N	V N	V N	V N	V N
记载	V N	V N	V N	V N	V N	V	V N	V N	V N	V

检查	V N	V N	V	V N	V N	V N	V	V	V N	V
鉴定	V N	V N	V N	V N	V N	V N	V N	V N	V N	V N
建议	V N	V N	V N	V N	V N	V N	V N	V N	V N	V N
建筑	V N	V N	V N	V N	V N	V N	V N	V N	V N	V N
奖励	V N	V	V	V	V	V	V	V	V N	V
教训	V N	V N	V N	V N	V N	V N	V N	V N	V N	V N
教育	V N	V N	V N	V N	V N	V N	V N	V N	V N	V N
解释	V N	V N	V N	V N	V	V	V	V	V N	V
决定	V N	V N	V N	V N	V	V	V	V	V N	V
抗议	V	V	V	V	V	V	V	V	V N	V
考虑	V	V	V	V	V	V	V	V	V	V
考验	V N	V	V N	V	V	V	V	V	V	V
练习	V N	V N	V N	V N	V N	V N	V N	V N	V N	V N
领导	V N	V N	V N	V N	V N	V N	V N	V N	V N	V N
命令	V N	V N	V N	V N	V N	V N	V N	V N	V N	V N
判断	V N	V N	V N	V N	V N	V N	V N	V N	V N	V
批判	V	V	V N	V N	V	V	V	V N	V	V
批评	V	V	V N	V N	V	V	V	V N	V	V
批示	V N	V N	V N	V N	V N	V N	V N	V N	V N	V N
评价	V N	V N	V N	V N	V N	V N	V N	V N	V N	V N
评论	V N	V N	V N	V N	V N	V N	V N	V N	V N	V N
企图	V N	V N	V N	V	V	V	V N	V N	V N	V
牵制	V	V	V	V	V	V	V	V	V	V
设计	V N	V N	V N	V N	V	V	V	V N	V N	V
声明	V N	V N	V N	V N	V N	V N	V N	V N	V N	V N
胜利	V N	V N	V N	V N	V	V	V	V N	V N	V
实验	V N	V N	V N	V N	V N	V N	V N	V N	V N	V N
示范	V N	V	V	V	V	V	V N	V	V	V
试验	V N	V N	V N	V N	V N	V N	V N	V N	V	V
收获	V N	V N	V N	V N	V N	V N	V N	V N	V N	V N
束缚	V	V	V	V	V	V	V	V	V	V
说明	V N	V N	V N	V N	V N	V N	V N	V N	V N	V N
探索	V	V	V	V	V	V	V	V	V	V
体会	V N	V	V N	V	V	V	V N	V N	V N	V N
体验	V N	V	V	V	V N	V	V N	V N	V N	V N
通报	V N	V N	V N	V N	V N	V N	V N	V N	V N	V N
通告	V N	V N	V N	V N	V N	V N	V N	V N	V N	V N
通知	V N	V N	V N	V N	V N	V N	V N	V N	V N	V N
统计	V N	V N	V N	V	V	V	V	V N	V N	V
威胁	V	V	V	V N	V	V	V	V	V N	V
误会	V N	V N	V N	V N	V N	V N	V N	V N	V N	V N
训练	V	V	V	V	V	V	V	V	V	V
研究	V N	V	V	V N	V	V	V	V	V	V
演出	V N	V	V	V N	V N	V	V	V	V N	V

演习	VN	V	V	VN	V	VN	V	V	V	V
要求	VN	VN	VN	VN	VN	VN	VN	VN	VN	VN
影响	VN	VN	VN	VN	VN	VN	VN	VN	VN	VN
援助	V	VN	V	V	V	V	V	V	VN	V
展览	VN	VN	VN	VN	VN	V	V	V	VN	VN
战斗	VN	VN	VN	VN	VN	VN	VN	VN	VN	VN
诊断	V	V	VN	VN	VN	VN	VN	VN	VN	VN
证明	VN	VN	V	V	V	V	V	V	V	V
支援	V	VN	VN	VN	VN	VN	VN	VN	VN	VN
指示	VN	VN	VN	VN	VN	VN	VN	VN	VN	VN
注解	VN	VN	VN	VN	VN	VN	VN	VN	VN	VN
装备	VN	VN	VN	VN	VN	VN	VN	VN	VN	VN
准备	VN	VN	V	V	V	V	V	V	VN	V
组织	VN	VN	VN	VN	VN	VN	VN	VN	VN	VN
作用	VN	VN	VN	VN	VN	VN	VN	VN	VN	VN

2.3. データ分析

この表についてはまず次の点を説明しなければならない。この100語は，胡1996の中で"双音节书面语动名兼类词"として挙げられているもの349語から選んでいる。胡1996では，まずいくつかの動詞辞典から動詞を選びその中から次の3つの基準にあてはまるものが名詞を兼ねていると考え，動詞と名詞の兼類としてリストアップしている。

[基準1] 直接名量詞の修飾を受けることができる

[基準2] 直接"有"の目的語になれる

[基準3] 直接名詞の修飾を受けることができる

以上の基準の内，少なくとも2つ以上の基準をクリアしているものについて，それが名詞との兼類であるとしているのである。その中から選ばれた100語のサンプルについて，日中合わせて10種の辞書がどういう品詞表示をしているかを示すもので，"V"とあるのは，その辞書では動詞の表示しかなく，名詞はないことを表す。"VN"は，

動詞と名詞のどちらの品詞も表示されているという意味である。換言すれば，基本的に胡1996もまず動詞からリストアップしているのであるから，上の100語はすべて動詞であるという点は出発点で，その動詞の表示しかないもの（"V"）と，本来の動詞に名詞も加わっているもの（"VN"）との分布を示しているわけである。上記の3つの基準はすべて形式面での基準で，意味の面は考慮されていないのだが，今回の調査でも"VN"の"V"と"N"の関係は様々なレベルのものを含む。この点は次章で詳しく検討するが，サンプルの調査の時点では，意味の要素を考慮に入れず，辞書に名詞の品詞表示があるものはすべて機械的に"VN"とした。

この10種の辞書による100語の品詞表示の調査であるが，ここから以下の結果が読み取れる。

まずこの表を縦に眺めると，名詞の品詞表示を比較的多く立てている辞書と，名詞表示をあまり立てずに，動詞表示に留める場合が多い辞書があることがわかる。100語の内，名詞も表示している"VN"の数は(11)の通りである。（さらにその数値をグラフで表示したのが(12)である。）

(11)

講	白	東	ク	デ	用	学	応	規	小
80	66	77	68	57	51	49	73	71	49

(12)

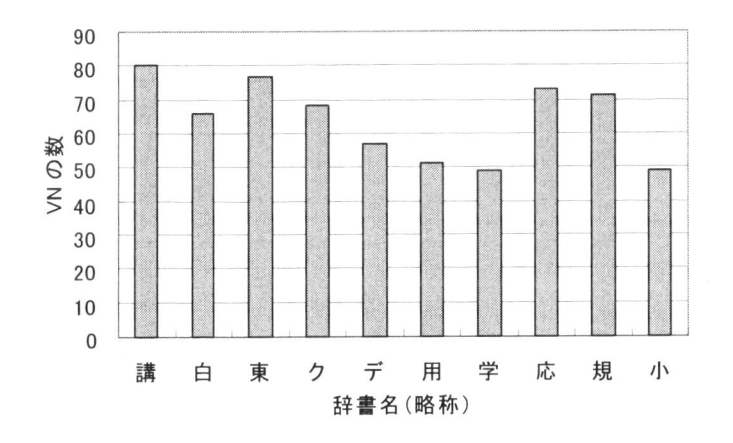

辞書ごとの VN の数

[棒グラフ: 講 81, 白 67, 東 77, ク 69, デ 58, 用 52, 学 50, 応 74, 規 72, 小 50]

辞書名(略称)

ある程度数に差があることは予想していたが，辞書によってはかなり数に開きがあることが新たに判明した。名詞表示の最も多い『講談社中日辞典第二版』(80語)と，最も少ない『現代汉语学习词典』『现代汉语小词典』(49語)とでは，31語もの開きがある。また，日本の辞書と中国の辞書とを比較した場合，日本の辞書のほうが名詞を表示する数が若干多いかとの印象も受けるが，目だった差異は認められなかった。

次に，この表を横に見た場合，多くの辞書で名詞表示がされている語から，ほとんどの辞書で名詞表示がされていない語まで，いくつの辞書で名詞が認められているかの数に相違があることもわかる。その分布をまとめたのが以下の(13)である。

この中で，10種類の辞書すべてに名詞表示があった語が40語と飛びぬけて多いのは，全体の100語が胡1996の中で動詞と名詞の兼類と

するものからリストアップしたものである点を考えると当然であると言える。9種類から0種類までが，胡1996と反して，名詞を表示していない辞書があったということである。特に0種類というのは，名詞を認めてその表示をしている辞書が1冊もなかったということである。調査対象の10冊の辞書内だけで考えてみると，4種類から6種類あたりが，名詞を認めるかどうかという点において，各辞書で意見が大きく分かれているものであり，5種類というのはその扱いにおいて辞書による対応が真っ二つに割れたということを意味している。

(13)

名詞表示のある辞書	該当する語の数	例
0 種類	7	发展 / 考虑 / 训练
1 種類	6	安排 / 剥削 / 合作
2 種類	12	调查 / 分析 / 研究
3 種類	4	表演 / 批评 / 准备
4 種類	7	变化 / 改革 / 回答
5 種類	4	刺激 / 斗争 / 统计
6 種類	6	检查 / 胜利 / 展览
7 種類	4	爱好 / 构思 / 试验
8 種類	3	干扰 / 号召 / 记载
9 種類	7	活动 / 判断 / 战斗
10 種類	40	代表 / 工作 / 练习

以上のように，各種辞書によって，名詞か動詞かの判定にばらつきが出てしまう原因はいったい何であろうか。

3. 動詞と名詞の表示不一致の検討

3.1. 語彙的意味の関連性のスケール

さて，このような不一致が生じているのは，どこまでを兼類と考える

かという，兼類の範囲設定が辞書によって異なる点に原因の一端があるのではないかと考えられる。1.3.では，兼類というコンセプトを解説するために，とりあえず"代表"を兼類語，"出版"を動詞と考え議論を進めたが，何の基準に基づいてこの両者を分けているのかを考えてみたい。

陸 1994 によると，現在一般には兼類とは扱わないいくつかの状況の中に，次のように形式は一致していても意味がまったく異なる場合がある。

　　(14) 我今天参加了一个会。

　　(15) 他会弹钢琴。

この 2 つの例における"会"は，(14)では「会合，集まり」という意味の名詞，(15)では「～できる」という意味の動詞（助動詞）であり，その意味にはまったく関連はない。これは単なる同音語の例であり，兼類とは考えないという点では諸家の意見は一致しているであろう。ここで動詞と名詞の語彙的意味の関連性というスケールに基づいて，この"会"のようなケースと，"代表"や"出版"の場合を(16)のように位置づけることができる。

(16)

I類	II類	III類
名詞の意味が動詞の意味と無関係	名詞の意味は動詞のかかわる事物など	名詞の意味は動詞の意味と同じ
"会"	"代表"	"出版"

　　←―――――――――――――――――→
　　小　　　　　　　　　　　　　　　　大

動詞と名詞の語彙的意味の関連性

Ⅰ類は同音語のケースであるが，以下，Ⅱ類とⅢ類の意味するところを実例とともに検討してみる。

3.2. 異型兼類語について

Ⅱ類に該当する語は，名詞の意味が動詞の意味と一定の関連を持っており，動詞の表す動作に付随する事物，行為者，道具，結果などの意味を表すものである。動詞の表す動作そのものの意味とは異なっており，ここでは郭1999，郭2002に従い「異型兼類語」と扱っておく[6]。その意味関係には主に以下のようなものがある[7]。

①名詞が動作の行為者（"施事"）を表すもの

 (17) 代表

  [動]代表する.¶我～大家说两句

  [名]代表.¶选～　　（講）

 (18) 翻译

  [動]翻訳する，通訳する.¶他最近～了一本中国小说

---

6) 異型兼類語の場合も，動詞と名詞の意味の関連性よりも相違点を重要視し，これらを兼類語とは認めず単なる同音語であるとする説もある。陆1994などを参照。
7) 以下では2.2.で調査した辞書の内，日本で出版された辞書からの実例を検討する。議論に関連する動詞と名詞の意味項目の箇所のみを抜粋して例示するので，当該の議論に関係のない意味項目は引用していない。用例もすべては引用せず，その語の性質を端的に示した例を基本的には1例引用するに留めた。（日本語訳も省略した。）記号も本来は辞書ごとに異なっているが，小論に引用した際には統一した。なお，語自体は2.2.の調査対象外のものも含む。用例の後の略号は用例を引用した辞書を示す。

[名]通訳，翻訳者.¶他当了三年～了　（白）

(19) 领导

[動]指導する，率いる.¶～大家走共同富裕的道路

[名]指導者.¶国家～　（東）

これらにおいては，名詞は動詞の表す行為を行う行為者という関係にある。例えば(17)では，名詞の"代表"は「代表する」という行為自体を指すのではなく，その行為を行う人を指す。

②名詞が動作の被動者（"受事"）を表すもの

(20) 存款

[動]預金する.¶他到银行去～

[名]預金.¶他去银行取～　（東）

(21) 负担

[動]負担する，引き受ける.¶～子女的生活費

[名]負担，重荷.¶家庭～很重　（講）

(22) 回信

[動]返信する，返事の手紙を出す.¶立即～

[名]返信，返事.¶给他写了封～　（東）

これらにおいては，名詞は動詞の表す行為の被動者である。(22)では，名詞"回信"は「返事の手紙を出す」という行為自体を指すのではな

く，送られた返信の手紙を指している。

③名詞が動作の関与者（"与事"）を表すもの

 (23) 同学

  [動]同じ学校で学ぶ．¶他跟我同了六年学

  [名]同窓，学友，級友，同級生，クラスメート．¶我有一个～在北京工作　（白）

 (24) 相好

  [動]愛し合う．¶两人早就～了

  [名](不適切な)恋愛関係にある片一方，愛人．¶他有一个～（ク）

これらにおいては，名詞は動詞の表す行為に係わる者である。(23)では，名詞"同学"は同じ学校で学ぶ行為自体ではなく，それに係わった人（同級生）を指す。

④名詞が動作の道具（"工具"）を表すもの

 (25) 锁

  [動]錠を下ろす，鍵をかける，鎖でつなぐ．¶请你～一下门

  [名]錠，錠前．¶门上挂着一把～　（白）

 (26) 补助

  [動]補助する．¶他生活困难，单位～他五十元

[名]助成の金品.¶单位给他的～，他一分钱也不要　　（東）

(27) 贿赂

[動]わいろを贈る.¶～上司

[名]わいろ.¶接受～　（ク）

これらにおいては，名詞は動詞の表す行為に用いる広義の道具を表している。(25)は品詞分類の議論でよく取り上げられる例だが，名詞"锁"は「錠を下ろす」という行為自体を指すのではなく，その行為に用いる道具である「錠前」のことである。

⑤名詞が動作の結果（"结果"）を表すもの

(28) 记录[8]

[動]記録する.¶～发言

[名]記録.¶会议～　（ク）

(29) 建筑

[動]建設する.¶～铁路

[名]建造物.¶大雁塔是唐代的～　　（東）

(30) 规定

[動]規定する，定める.¶学校～上学必须穿校服

---

8) "记录"にはこれ以外にも「記録係」という意味があり，その場合は動作の行為者を表す例となる。

　　　　　[名]規定，定め.¶一項～　　（講）

これらにおいては，名詞は動詞の表す行為がなされた結果生じる物を表している．(29)では，名詞"建筑"は「建設する」という行為を行った結果できあがる「建造物」である．

以上の異型兼類語では，名詞の表す意味は動詞の表す意味と密接な関連を持ちつつも，動詞の表す動作行為そのものを指示しているわけではないことがわかる．このような異型兼類語の場合は，その意味の相違から動詞と名詞のそれぞれの品詞を立て，それぞれの意味を記述するのが適切であると考えられる[9]．

3.3. 同型兼類語について

Ⅲ類に該当する，名詞の意味が動詞の意味と同じであるものを，郭1999，郭2002では「同型兼類語」と呼ぶ．"出版""研究"などがこのタイプの語としてよく例としてあがる．これらは名詞と動詞の文法的特徴をいずれも兼ね備えていると同時に，語彙的な意味の上でも相違は認められない．

―――――――――――――――――

9) 『白水社中国語辞典』の「文法概説」中に同様の趣旨の説明があるので，若干長くなるが以下に引用する．
　　本辞典では，中国語の2音節以上の動詞や形容詞が，主語や目的語などの位置に来て「勉強すること」「清廉であること」のようにコト化するのは動詞や形容詞の本来的な機能であると考え，名詞の表示はしなかった．ただし，例えば'报酬'は「報酬，謝礼」の意味と「報酬を払う」の意味を持っているが，前者は「モノ」を表わし，後者は「コト」を表わすという意味の差は無視できないと考え，'报酬'の項目の下に名詞と動詞の用法・意味を分けて説明した．同様に，'空洞'は名詞「空洞」と，「内容がない」の意味の形容詞は別の語であると見なし，二つの項目を立てた．しかし，このような処理は，首尾一貫したものではあり得ない．(「文法概説」8ページ「3. 品詞」より)

ではこのような語を兼類語として処理すれば問題は生じないかというと、動詞と名詞の兼類に関しては、"正式"が区別詞と副詞の兼類であったりするような、他の品詞同士の兼類のケースとは事情が異なる。1.3.で言及したように、兼類はその割合が小さいことが望ましい。陆1994によると、"正式"のような区別詞と副詞の兼類は、区別詞の総数の4％に過ぎないが、"研究"のような名詞と動詞の文法的特徴を兼ね備えている語は動詞の31％に上るという[10]。そこで朱1982はこのタイプの語のために"名动词"（名動詞）という動詞のサブカテゴリーを設けてそこに分類し、あくまでもこれを動詞と扱っているのである。

これを兼類語とするか動詞とするかは、分類の問題であって、どちらが正しくどちらが誤りであるという問題ではない。しかしどちらの処理をするかによって、辞書の品詞表示は異なってくる。もし"研究"タイプの語を同型兼類語と処理すると、動詞と名詞を兼ねているわけであるから、辞書には動詞と名詞の2つの品詞が表示される。一方、これを名動詞と処理すると、名動詞とはあくまでも動詞の中の一部であるから、辞書では動詞の表示だけがあり、名詞の表示は付されないということになる。

以下、いくつか品詞表示の不一致の例を見てみよう。以下の例ではそれぞれ、上の行が動詞の表示しかない辞書の例で、下の行が動詞と名詞の両者の表示がある辞書の例である。

 (31) 変化

  (ク) [動]変化する.¶春天的气温～很大

---

10) 郭1999は、このタイプの語は「常用される」動詞の44％であるとしている。

(講) [動]変化する.¶情況在不断～　[名]変化.¶这里的～很大

(32) 刺激

(白) [動]①(感覚を)刺激する.¶酒～人的神经②(人を)刺激する，元気づける，ショックを与える¶这件事～了他③(事物を)刺激する，発展させる，推進する¶这种方法仍然～着生产的发展

(講) [動]刺激する，興奮させる，意欲を持たせる.¶这种药～胃　[名]刺激.¶他精神上受到了很大的～

(33) 調査

(白) [動](多く現場へ行って)調査する，調べる.¶水利委员亲自去山里～水源

(東) [動]調査する.¶～一下情况　[名]調査.¶做了一次农村～

(34) 分析

(ク) [動]分析する.¶～目前的国际形势

(東) [動]分析する.¶～问题　[名]分析.¶他对国际形势的～很有说服力

(35) 改革

(デ) [動]改革する.¶～制度

(講) [動]改革する.¶～不合理的规章制度　[名]改革.¶土地～

(36) 合作

  (講) [動]協力する,提携する,合作する.¶双方〜得很好

  (白) [動](普通互いに対等の立場で同じ目的の下に)一緒に仕事をする,協力する,提携する.¶他們分了工却又〜得很好　[名]協力,提携.¶我们同外国专家已进行国际技术〜

(37) 批评

  (講) [動]批判する,叱責する.¶自我〜

  (ク) [動]批判する,欠点や誤りに対して意見を述べる.¶自我〜　[名]批評.¶文艺〜

(38) 企图

  (ク) [動]企てる,もくろむ.¶卑劣的〜

  (東) [動]企てる,謀る.¶敌军〜突围,但未得逞　[名]たくらみ.¶那个小贩以次充好的〜,被顾客识破了

(39) 体会

  (白) [動]体験して会得する,体得する.¶这篇社论很重要,我们要深刻〜它的精神实质

  (講) [動]体得する,感得する.¶这次比赛使我深深地〜到集体的力量　[名]体得,感得.¶深有〜

(40) 体验

  (東) [動]実践的に認識する,自ら体験する.¶〜生活

(講)[動]体験する.¶～生活　[名]体験.¶他対人生的艰辛毫无～

(41) 研究

(東)[動]研究する.¶～自然科学

(講)[動]研究する.¶～理论物理　[名]研究，検討.¶科学～

(42) 演出

(白)[動](芝居・舞踊・曲芸などを)公演する，上演する，演じる.¶日本艺术家明年将来我国～

(講)[動]演じる，上演する，公演する.¶～新剧目　[名]公演，上演.¶昨天的～很成功

(43) 准备

(ク)[動]準備する，用意する.¶好好儿～发言稿

(講)[動]準備する，支度する.¶他正在～明天的考试　[名]準備，用意，支度.¶做好出发前的～

3.4. 異型兼類語と同型兼類語の区分

さて，同型兼類語を兼類語として名詞と動詞の両者の表示をするか，それとも名動詞として動詞の表示のみとするかは，辞書編集上の方針として各辞書が立てればよいであろうが，その方針を立てれば問題が解決するわけではない．異型兼類語と同型兼類語を区分する際には，名詞の語彙的意味が動詞の表す動作に係わる様々な成分を指示しているか，それとも動詞と名詞で語彙的意味は同じであるかを基準とした．

しかしこの意味上の基準はしばしば曖昧で，名詞の表す語彙的意味が動詞の意味とどのような関係にあると処理すればよいか判断に迷うものも少なくない．例えば次のような例を見てみよう．

(44) 答复

　　(白) [動](口頭・文書で丁重に)返答する，回答する.¶老師～了同学们提出的问题

　　(東) [動]質問や要請にこたえる，(書面で)回答する，返答する.¶～同学们的提问　　[名](質問や要請に対する)回答，返事.¶他们对这个～都很满意

(45) 回答

　　(白) [動]回答する.¶你～我一个问题

　　(講) [動]回答する，答える.¶～问题　　[名]回答，答え.¶他给了我们一个满意的～

(46) 奖励

　　(ク) [動]奨励する，表彰する.¶～节约

　　(講) [動]奨励する，褒賞を与える.¶～先进工作者　　[名]褒賞 ¶得到～

(47) 解释

　　(ク)[動]①言い訳をする，釈明する.¶～误会　②説明する，解釈する.¶～词句

　　(東) [動](意味・原因・理由などを分析して)説明する，釈明する，弁解する，言いわけする.¶～词句　　[名]説

明，釈明.¶对于这件事,你应该有一个令人信服的～

(48) 示范

　　（白）[動]模範を示す，手本を示す.¶老师先给大家～一下

　　（講）[動]手本を示す.¶太极拳老师边讲解边～　　**[名]**手本,模範.¶做个～

(49) 展览

　　（ク）[動]展覧する，展示する.¶～书法作品

　　（東）[動]展覧する.¶在各地巡回～　　**[名]**展示物,展覧会.¶体育馆经常举办各种家具的～

(44)の"答复"では，名詞に相当するものが「返答する，回答する」という行為自体を指すのか，それともその行為を行った結果相手に提示された物（広い意味での結果）を指すのか，区別するのは難しい。(47)"解释"では，解釈・釈明する行為そのものと，その行為の結果提示された解釈・釈明の内容とは意味上異なるという考えにも根拠があるように思える。他の例も同様に，名詞の意味と動詞の意味に語彙上の意味の相違があるのかどうかは非常に微妙である。意味が判定基準に係わってくると，どうしてもこのような判断に迷う事例は避けて通れない。このような点も，辞書での品詞表示の相違の原因の一つになっているものと思われる。

4. まとめ──品詞表示の相違の原因

3.3.で述べた同型兼類語を兼類として扱うか，名動詞として扱うかによって，名詞と動詞の間には辞書によって次のような品詞表示の差異

が生じてくることになる。

(50)

品詞	例	辞書の品詞表示	
		兼類説の場合	名動詞説の場合
名詞	桌子	[名]	[名]
異型兼類語	翻译	[名][動]	[名][動]
同型兼類語／名動詞	研究		[動]
動詞	吃	[動]	

これだけでなく，さらに品詞をばらつかせる要因として，たとえ名動詞説に立ったとしても，異型兼類語と名動詞の区分の判断に迷うものが実際には少なくないことを述べた。

さて，以上小論で述べてきたような，動詞と名詞の区分の困難さの問題の本質は何なのかを，最後に意味論的基盤から整理してみよう。

大堀 2002,69 では，語彙カテゴリーに対する認知言語学からの包括的アプローチの一例として，(51)のような枠組みを提示している[11]。この図では，横軸が概念的・意味論的な軸，縦軸が談話的・語用論的な軸で，両者の組み合わせで，名詞が「物体・指示」，形容詞が「性質・修飾」，動詞が「行為・叙述」という性質の組み合わせがその典型例

---

11) これは実際には，CROFT, W.1991: Syntactic Categories and Grammatical Relations: The Cognitive Organization of Information.(University of Chicago Press.)で提示された枠組みを解説したものである。

と規定されることを示している。英語の場合は典型から外れると，形態変化を起こして，有標（marked）な成員となることも見て取れる。

(51)

語用論的＼意味論的	物体 (object)	性質 (property)	行為 (action)
指示 (reference)	vehicle 名詞	white<u>ness</u>	destr<u>uction</u>
修飾 (modification)	vehicul<u>ar</u>	white 形容詞	destroy<u>ing</u>
叙述 (predication)	<u>be</u> a vehicle	<u>be</u> white	destroy 動詞

名詞―形容詞―動詞が意味論的には連続体である点は沈 1999 にも先行研究の紹介があるが，ここでは中間の形容詞はとりあえず考察の対象外とし，小論の議論と直接関連のある名詞と動詞の連続について考えてみよう。英語では，意味論的には行為を表すことでも，それを時間に沿った行為について叙述することから，そうした行為を指示することに機能が移行すると，"destroy" → "destr<u>uction</u>"のように形態が変化し，名詞となる。

(52)

	物体	行為	
指示	vehicle	destruction	← 名詞
叙述	be a vehicle	destroy	

これに対して，中国語の場合，動詞が叙述を表す場合から指示を表す場合に移行しても，形態上の変化がまったくない[12]。従って，いわば品詞分類上の自由度が増すことになる。

(53)

	物体	行為	
指示	词典	研究	
叙述	是一本词典	研究	動詞

中国語の名動詞の扱いでは，時間軸の概念が脱落した行為を指示する語についても，その形態が同一であるゆえに，(53)のように分類上それを動詞に組み込んでいるのである。行為を指示する場合の語の扱いが，英語の場合と中国語の場合では以上のように異なっているのである。

このように動詞と名詞の区分に関しては，意味論的な要因が介在するためあいまいになる点も多いが，辞書編集上は，まず兼類説か名動詞説かを明確にし，さらに名動詞説の場合にも，それと異型兼類語との間を，できるだけ自己の明確な基準に基づいて区分していく努力が必要なのではないかと思われる。

《参考文献》

陈宁萍 1987「现代汉语名词类的扩大——现代汉语动词和名词分界线的

[12) 中国語においても英語と同様，行為の叙述を表すのが動詞のプロトタイプであると考えられる。指示用法になっても英語のような形態上の変化はないが，指示用法は統語上様々な制約を受ける。詳しくは沈 1999 を参照。

考察」,『中国语文』第 5 期

程荣 1999「汉语辞书中词性标注引发的相关问题」,『中国语文』第 3 期

董秀芳 1999「从谓词到体词的转化谈汉语词典标注词性的必要性」,『辞书研究』第 1 期

郭锐 1999「语文词典的词性标注问题」,『中国语文』第 2 期

——2002『现代汉语词类研究』,商务印书馆

胡明扬 1996「动名兼类的计量考察」,胡明扬主编『词类问题考察』,北京语言学院出版社

刘月华、潘文娱、故韡 2001『实用现代汉语语法(增订本)』,商务印书馆

陆俭明 1993『八十年代中国语法研究』,商务印书馆

———1994「关于词的兼类问题」,『中国语文』第 1 期

———1999「关于汉语词类的划分」,马庆株编『语法研究入门』,商务印书馆

沈家煊 1999『不对称和标记论』,江西教育出版社

苏宝荣 2002「汉语语文辞书的词性标注及其对释义的影响」,『辞书研究』第 2 期

朱德熙 1982『语法讲义』,商务印书馆

———1985『语法答问』,商务印书馆

———1986「现代书面汉语里的虚化动词和名动词——为第一届国际汉语教学讨论会作」,『第一届国际汉语教学讨论会论文选』(朱德熙 1990『语法丛稿』,上海教育出版社)

相原茂 1996「中国語の品詞分類」,『国文学解釈と鑑賞』第 61 巻 1 号

三宅登之 2003a「兼類について」,『中国語』第 522 号

――――2003b「動詞と名詞の境目」,『中国語』第 523 号

中川正之 2002「中国語の動詞をどう捉えるか」,『言語』11 月号

大堀壽夫 2002『認知言語学』,東京大学出版会

異文化理解という観点から見た辞書の記述

——風俗習慣，社会制度——

山崎直樹（大阪外国語大学）

0 序

1 とりあげる辞書

2 比較検討

   2.1 食品 —— 饺子 / 饼 / 油条

   2.2 色彩 —— 黄 / 红、白

   2.3 風俗習慣 —— 清明（节）

   2.4 親族名称 —— 妈、妈妈、母亲

   2.5 身体動作 —— 喝 / 咂嘴

   2.6 社会活動 —— 工作 / 革命 / 识字

3 それぞれの辞書について

0 序

辞書の記述というものは，異なる社会の文物や制度の理解に，どれほど役立つものであろうか？この文章では，中国語－日本語の中型辞書 6 種をとりあげ，幾つかの語彙項目について，「日本の社会に属する学習

者に，中国（独特）の風俗習慣や社会制度を理解させる」ことにどれほど留意しているかを比較して検討する。もちろん，辞書の価値は，上記の観点からのみでは測れないが，上記の観点に配慮が行き届いている辞書は，それだけ評価されてしかるべきだと考える。

1 とりあげる辞書

とりあげる辞書は，次のとおりである（○数字は，発行年度の順）。これらはみな，大学で中国語を専攻しようとする学生の選択の対象となりうる中型辞典である。

① 現代中国語辞典（香坂順一編著，光生館，1982）以下，『光生』

② 中日大辞典増訂第二版（愛知大学中日大辞典編纂処，大修館書店，1987）以下，『大修』

③ 白水社中日辞典（伊地智善継編，白水社，2002）以下，『白水』

④ 講談社中日辞典第二版（相原茂編，講談社，2002）以下，『講談』

⑤ 中日辞典第2版（北京・商務印書館＋小学館共同編集，2003）以下，『小学』

⑥ 東方中国語辞典（相原茂・荒川清秀・大川完三郎主編，東方書店＋北京・商務印書館，2004）以下，『東方』

なお，辞書から語釈等を引用する際に，発音・品詞・使用レベルの注記，文型に関する説明（とくに③の辞典はこれが詳しい）などと，用例の一部は，適宜省いた。よって，引用文はそれぞれ辞書の記述そのままではない。また，◇印のコメントは，この文章の筆者が付したコメントである。

2 比較検討

2.1 食品

中国独特の食品に関する項目を見る。

<u>饺子</u>

まず，"饺子"。チェックポイントは，日本で一般的なギョーザとの違い，すなわち，「中国ではゆでたものが一般的」「中国では主食としても扱われる」の2点を押さえているか，である。

なお，以下の引用では，発音・品詞・派生語・動詞との共起関係などの記述は省略した。

- ■『小学』 ギョーザ．[注意]普通は水ギョーザなどのゆでたものか蒸したものをいう．日本でよく食べられる焼いたものは"锅贴儿"という．[囲み]▶小吃・点心

    ◇ 囲み記事：「小吃・点心」を参照せよという指示がある。このような囲み記事が豊富なのが，この辞書の特徴の1つである。

- ■『東方』 <親字：饺>ギョーザ：蒸したりゆでたりしたもの．<饺子>ギョーザ．＊日本でいう焼いたギョーザは'锅贴儿'という．

    ◇ 皿に盛った「水ギョーザ」の写真が添えられている。

- ■『光生』 ギョウザ；多くゆでるか蒸したものをいう．[注]焼いたギョウザは'锅贴儿'といって区別している．

- ■『講談』 ＜親字:饺＞ギョーザ．多くはゆでて食べる．焼きギョーザは，〔锅贴儿〕といい，区別する．＜饺子＞ギョーザ．

- ■『白水』 ギョーザ．⇒水饺，锅贴儿

- ■『大修』 ギョーザ：小麦粉で作った薄皮に，ひき肉・野菜などを入れて柏餅型に包んだもの．蒸したものは〔蒸饺子〕といい，ゆでたものは〔水饺儿〕〔煮饺子〕といい，平鍋に油をひいたものに並べて片面だけ焼いたものは〔锅贴（儿）〕，たっぷり油を流した鍋で揚げたものを〔煎饺子〕という．ギョーザは，山東音 giao・zi の訛ったもの．

    ◇ 『大修』の記述は，「百科事典的性格を併せ持つ」と評されるこの辞書の特徴がよく出ている。

どの辞書も似たような記述をしているようだが，『小学』『光生』『講談』『東方』は，「ゆでたもの」を無標扱いにし（この記述だと，"水饺"と言わずに"饺子"と言っただけでも，ふつうは「ゆでたもの」を意味する，と取れる），そのうえで，「焼いたもの」を有標にし，別個の名称を与えている。『白水』『大修』は，「ゆでたもの」「焼いたもの」に，それぞれ，別個の名称を与えている。

「主食云々」という記述のある辞書はなかった。

饼

次は,"饼"。チェックポイントは,どのような食品かというアウトラインの描き方と,同源の漢字を使う日本の「モチ(餅)」とは,まったく異なるものである点を押さえているか,である。なお,以下の引用では,発音・品詞・共起する量詞・派生語・動詞との共起関係などの記述は省略した。

- ■『小学』 コムギ粉をこねて薄く円盤状に伸ばし,平なべで焼くか蒸すかした食べ物の総称.[注意]主食で食べるが,日本の「餅(もち)」とはまったく異なる.「もち」に相当するものは"年糕".[囲み]▶小吃・点心

    ◇ 『小学』は,「中国では…」「日本では…」という「対照」を,強く意識した注釈が特徴である。これは,この辞書の多くの項目に共通して見られる記述方針である。

- ■『大修』 小麦粉をこねて,平たい円盤状にして焼くか蒸したもの:北方人のよく常食するもの.

- ■『光生』 コムギ粉・トウモロコシ粉・アワ粉などを主として,塩・油・香料などを入れ,なべ・炉で薄くやいたもの.

- ■『講談』 こねた小麦粉を円盤状に伸ばし,焼いたり蒸したりした食べ物の総称.

- ■『白水』 小麦粉などをこねて円盤状にして焼いた食物.

- ■『東方』 小麦粉などで作った円盤状の食べ物の総称.

『小学』の「主食」「日本のモチに相当するのは…」という記述は，学習者に親切である。『大修』の「北方人の…」も適切である。『光生』は他と比べて詳しい記述があるが，具体的なイメージ（円盤状）が掴みにくいのと，「食品」であることが示されていないのが難点か。

油条

チェックポイントは，日本のふつうの中華料理店では，ほとんどお目にかからない食品なので，そこをどう説明するか，であろうか。なお，以下の引用では，発音・品詞・共起する量詞・派生語・動詞との共起関係などの記述は省略した。

- ■『小学』（コムギ粉を練って棒状にし，油で揚げた）中国風長揚げパン．ヨーティアオ．▶朝の軽い食事にする．[囲み]▶小吃・点心

- ■『光生』 コムギ粉を発酵させ，これに塩を加え鉛筆くらいの長さにして揚げたもの．これだけを朝食にもする．又かゆとともに食べる．

- ■『大修』 練って発酵させ塩味を加えた小麦粉を長さ30センチ程度のひも状または縄状のものにして油で揚げたふわふわした食品：朝食におかゆを食べる場合その添えものとしてよく用いられる．

- ■『白水』 小麦粉をこねて棒状にして揚げた食物；多く朝食にとり，'豆浆'に浸したり，'烙饼'に挟んだりして食べる．

- ■『講談』 練って発酵させた小麦粉を棒状にのばし，油で揚げた

食品.

　　　◇ イラスト付.

■『東方』　ヨウティアオ：小麦粉を練って発酵させた生地をのばして油で揚げたパン.

　　　◇ 写真付.

『講談』『東方』以外は,「朝食用」や「何といっしょに食べるか」に留意していることは,評価できる.

『講談』はイラストを添えているが,辞書のイラストとは,本来,このような場合に使われるべきものであろう.『東方』は写真を添えているが,このばあいに限れば,イラストのほうがわかりやすい.

『大修』以外の記述では,日本でもよくお目にかかる「棒状のドーナツ」と同じものに理解されるおそれがある.その点,『大修』の「ふわふわした」は,念の入った記述である.

2.2 色彩

黄

日本語の「アオ」と英語の"blue"は,対応する語彙のようであるが実際に表す色の幅が異なる,という類の話題は,対照言語学や言語類型論において,好まれるところのものである.

以下で,中国語の"黄"の示す色域について,辞書の記述を比較してみ

た。カフェオレのような色をした川を，"黄河"と呼ぶことからもわかるが，この色は日本語の「きいろ」とは，多少，異なる。なお，以下の引用では，発音・品詞などの記述は省略した。

- ■『小学』 黄色（の）．[参考]昔の中国人は，自分たちが伝説上の帝王"黄帝"の子孫だと意識し，黄色には特別崇高な思いを寄せていた．皇帝の用いる禁色で権勢を表した．五行思想による各方位のシンボル・カラーでも，黄色は中央の象徴であった．一方，"枯黄"（草木が枯れて黄ばむ）に通じることから元気のなさ，病弱も表した．¶脸色发黄／顔色につやがない；(病弱で)顔がげっそりしている．

    ◇ "黄色"の項に，「中国語の"黄色"は赤みがかった茶色に近い色をさすこともある。」という記述がある。

- ■『白水』 黄色い．（'柠檬黄'（レモン色），'米黄'（クリーム色），'柿黄'（かき色），'橘黄'（だいだい色）のような黄色から茶褐色までを含む．）¶这块布的颜色太黄了。＝この布の色はあまりにも黄色すぎる．／我哥又黄又瘦。＝兄は顔色が悪くやせている．／葵花是黄的。＝ヒマワリは黄色である．／他黄头发，蓝眼睛。＝彼は金髪で，青い目をしている．

    ◇ 「用例の充実」は，この辞書の特徴のひとつである。

- ■『大修』 黄色：赤みをおびた黄色までを含む．〔鹅黄〕山吹色．淡黄色．〔橘黄〕オレンジ色．〔金黄色头发〕金髪．〔麦子都黄了〕麦がすっかり黄色くなった．〔天晒得草都焦

黄了〕日照りで草がすっかり赤くなってしまった.

- ■『東方』　黄色い, 金色の；黄色から茶色, 金色までを指す. ‖ 黄缎子马褂儿／黄色い緞子の短い中国式羽織‖面黄饥瘦／顔色が悪くやせ細っている‖黄头发／茶髪, 金髪.

- ■『講談』　黄色い. 黄色の. ‖ 黄纸　黄色い紙‖黄皮肤, 黑眼睛　黄色い肌に黒いひとみ.

- ■『光生』　黄色い.

『小学』が, その色の象徴性にまで言及しているのは興味深い.

『白水』『大修』『東方』が, "黄" の指す幅に言及しているのは評価できる(『小学』も "黄色" の項で言及している). 逆に,『白水』『東方』は, "黄色" の項では色域に言及していない. この2つの項で, それぞれ言及しているのは,『大修』だけである.

また,『白水』『東方』の「…顔色が悪く…」「金髪」,『大修』の「…赤くなって…」,『小学』の「顔色につやが…」などの用例も, "黄" の幅の広さを理解するためには有益なものである(一般の使用者が用例まできちんと確認するかどうかは, 別問題にせよ).

红、白

特定の色彩名称が, 何らかの象徴として用いられることがあるのは, 周知の事実である. ここでは "红" と "白" を取り上げてみたい.

中国社会において, 前者は「祝儀」, 後者は「不祝儀」の象徴であり, この点で対を成している. 日本では, 祝儀に紅白の幔幕を使い, 不祝儀

に黒白の幔幕を使うところからもわかるとおり，白色はこの点で中立的である。この「白」の象徴性の違いを理解しないと，中国の映画などを見ていても，白づくめの衣装を身にまとった登場人物の持つ意味が理解できないし，中国語の"紅白"という熟語を見ても，「めでたい」としか解釈できないということになる。

各辞書のこの2色に関する記述のうち，この象徴性に関わる部分のみを取り出した。以下の引用では，発音，品詞などの記述は省略した。

- ■『小学』白：不幸を象徴する色．¶白事／葬式．『参考』中国ではめでたい時に赤い色を使い（"紅事"＝結婚式），不幸のあった時には白い色を使う習慣がある．喪章をつけることを"戴白"というのもその1例である．

    紅：慶事を象徴する赤い布・赤い絹．¶挂紅／赤い布を飾りつける．

- ■『東方』白：葬式を表す．⇔'紅'‖紅白喜事／結婚式と葬式，冠婚葬祭．

    紅：赤い布，赤い絹織物：おめでたいことを象徴する．披紅／赤い布を肩に掛ける：慶祝・名誉を表す．挂紅／赤い布を掛ける：おめでたいことを表す．

- ■『白水』白：7 葬礼に関する，葬儀の．（陝西省の一部や内モンゴル自治区を除く中国のほぼ全域で白は葬儀などの不吉な色とされている．）⇒喪事尚白

    紅：2 （祝賀の意を表す）赤い布．⇒挂紅，披紅．5 慶事に関する，結婚の．⇔白7.

■『大修』白：⑨葬式・仏事など不幸ごとを表す：〔紅③〕（祝いごと）に対していう．〔白事〕同前．〔紅白事〕お祝いごとや不幸事などの行事．慶弔事．〔穿白〕喪服を着る．

紅③：めでたい事・お祝いを表す：〔白⑨〕は不幸を表す．

■『光生』白：葬礼に関係のあるもの．＜办白事＞お弔いを出す．

紅：めでたい．＜办红事＞祝いごとをする．結婚式をする．

■『講談』白：葬儀．‖红白喜事　冠婚葬祭．

紅：②赤い布．‖挂红　慶事に赤い布を飾りつける．‖披红　（祝賀や栄誉を表すために）赤い絹を着衣にかける．③めでたい．‖⇒红事．

どの記述も祝儀・不祝儀の象徴性に言及しているようだが，『小学』『東方』『講談』は，"红"の項においては，色そのものの象徴性ではなく，「赤い布」の象徴性に言及している。

『小学』の記述が最も詳しいが，これは「日中対照」を意識した結果であろう。『白水』が地域に言及しているのは興味深い。

しかし，"红"と"白"が対を成していることを明確に示している（＝どちらを引いても，その祝儀・不祝儀の対称を成すペアを知ることができる）のは，『大修』だけである．例えば，『小学』『東方』では，"红"から"白"が得られず，『白水』では，"白"から"红"が得られない。

『光生』『講談』では，どちらからもペアの片方が得られない．これは辞書の記述の基本の問題である．

2.3 風俗習慣

清明（节）

中国社会における重要な年中行事の1つである，"清明（节）"をとりあげる．チェックポイントは，時期と「墓参をし祖先を祀る日である」という習慣が押さえられているかである．以下の引用では，発音，品詞などの記述は省略した．

- ■『小学』　（二十四節気の一つ）清明節．▶"清明"とも．[参考]冬至から数えて105日目から3日間，新暦の4月4日から6日ごろにあたり，墓参りをする習慣がある．北京などでは衣替えの季節にあたる．[囲み]▶节日

  ◇ 記述の後，囲み記事の"节日"を参照するよう，指示がある．

- ■『講談』　清明節（二十四節気の一つ，4月4日から6日ごろに当たる）．〔清明节〕ともいう．⇒[文化]p.810

  ◇ 記述の後，囲み記事の「文化の森｜祝日と年中行事」を参照するよう，指示がある．

- ■『白水』　清明節（二十四節気の一つ；4月4，5日あるいは6日，このころ墓参りをして墓を掃除し先祖を祭る習慣が広く行われる）．⇒二十四节气．

- ■『大修』　〔二十四节气〕の一，春分後15日目で陽暦4月5日または4月6日：〔百六〕ともいう（冬至から106日目にあたる）．〔清明节〕〔[俗]踏青日〕同前．記念碑や墓前に〔花圏〕を献じ，革命烈士・故人をしのぶ．⇒〔鬼节〕

- ■『東方』　清明節．二十四節気の一つ，4月4－6日に当たり，墓参りの伝統行事を行う．

- ■『光生』　清明節．旧暦3月の節句；陽暦4月5日ごろ．

因みに，『小学』『講談』の囲み記事における"清明"の説明は，以下のとおり，相当，詳細なものである．

- ■『小学』　＜囲み記事：节日（祝祭日）＞より

    "二十四节气"の一つで，新暦の4月4日～6日ごろ．"清明"の前日あるいは前々日を"寒食节"といい，春秋時代の忠臣"介子推"とその母が焼死した日といわれる．この時期，祖先の墓参りをしたり，郊外に出かけたり，たこ揚げをしたりする．

- ■『講談』　＜囲み記事：文化の森｜祝日と年中行事＞より

    新暦の4月4日～6日ごろにあたり，春たけなわのこの日は"扫墓"（墓参）の日である．1976年の天安門事件は，同年に亡くなった周恩来を悼む人々が，清明節に天安門広場の人民英雄記念碑に献花したことから始まった．また，"踏青"（郊外の散策）・"档秋千"（ブランコ遊び）・"拔河"（綱引き）などの遊びも行われる．清明の前日は

春秋時代，晋の介子推の故事にちなんだ"寒食节"（寒食節）で，この日から3日間は火を使うのを忌み，煮炊きをしない習慣があった．

『小学』と並ぶ（あるいは，それ以上の）『講談』の囲み記事の豊富さは，この辞書の最大の特徴である。

『光生』以外は，すべて，"清明"が「二十四節気」の1つであることに触れている。そして，その日本語の「二十四節気」に対応する中国語："二十四节气"を提示しているのは，『白水』『大修』『小学』であるが，『小学』以外は，"二十四节气"を見出し語として取り上げ，24の節気を列挙している。『小学』は，見出し語としても，上記の囲み記事の中でも，説明していない。逆に言えば，『小学』では，"清明"以外の23の節気にはどのようなものがあるかは，謎のままである——国語辞典（日本語の辞典）を引くことに思い当たるまでは。これも，辞書の記述の基本の問題である。

なお，『光生』は，"清明"の説明で，中国語としての"二十四节气"を提示しておらず，見出し語としても取り上げていないが，巻末の付表で，「二十四節気」を列挙している。

2.4 親族名称

妈、妈妈、母亲

次に，親族名称として"妈、妈妈、母亲"をとりあげる。

以下の引用では，発音・品詞などの記述は省略した。また，ここでの議論に直接関係しない語義の説明は省略した。

■『小学』妈：母親．お母さん．[注意]親族名称は"弟弟""妹妹"のように同じ字を重ねるのが普通だが，呼びかけるときは"妈""爸""哥""姐"と単独で用いるのが普通である．¶妈！／（呼びかけて）お母さん．

妈妈：お母さん．母親．母．▶"妈"とも．¶这是我妈妈／こちらが私の母です．¶你妈妈多大岁数？／あなたのお母さんはおいくつですか．¶他妈妈是老师／彼女の母親は先生です．⇒【母亲】

母亲：母親．母．お母さん．[注意]呼びかけには用いない．他人に対して自分の母をさして言う場合は，"我母亲""我妈妈"と言う．¶老母亲／老母．¶大地，我的母亲！／母なる大地よ．¶母亲河／母なる川．

[比較] 母亲：妈妈：娘 [1]"母亲"は書き言葉に多く用いられる．話し言葉に用いられるときは改まった口調になる．"母亲"⇔"父亲" [2]"妈妈"は話し言葉に多く用いられる．子供が母親に対する呼びかけに用いる．また，"孩子妈妈"は夫が妻に対する呼びかけに使われる．"妈（妈）"⇔"爸（爸）"．"妈妈"は単に"妈"ということもある．[3]"娘"は農村部で多く使われ，話し言葉．呼びかけにもなる．"娘"⇔"爹"．

■『講談』妈：お母さん．お母ちゃん．‖妈，快来啊！お母さん，早く来て．

妈妈：お母さん．お母ちゃん．⇒[類義語]母亲

母亲：母．母親．

◇ 囲み記事「[類義語]母亲」を参照するよう，指示がある。

[類義語]　母亲　妈妈　娘

〔母亲〕書き言葉に多く使われ，呼びかけには用いない．やや改まった場合では，第三者に対して自分の母を〔我母亲〕，相手の母親を〔你母亲〕という．

〔妈妈〕話し言葉に多く使われ，呼びかけにも用いる．単に〔妈〕と言うこともできる．日常の会話で親しい間柄であれば大人でも自分の母親のことを〔我妈妈〕，相手の母親のことを〔你妈妈〕という．夫が自分の妻をさして〔孩子他妈（妈）〕と呼ぶこともある．

〔娘〕お母さん．母．話し言葉で，呼びかけにも用いる．農村部で多く使われる．

【以下略】

■『東方』妈：母，お母さん：'妈妈'の方が子供っぽい言い方．呼びかけにも使える．

妈妈：母，お母さん．‖妈妈教我一支歌／お母さんに歌を教わる‖我的好妈妈！／(呼びかけで)お母さん．
　▶ '母亲'

母亲：母親，母．‖回忆我的母亲／私の母を回想する‖你母亲／あなたのお母さん．

[どうちがう？]母亲　妈妈　妈　娘

いずれも「お母さん」「母親」「母」の意味．'母亲'は書き言葉で，呼びかけには用いられない．'妈妈'，'妈'はいずれも話し言葉で呼びかけに用いられるが，自分の母親に関して述べるとき，'妈妈'は多く幼い子供が使う．'我妈妈不在家'〔ママは出かけました〕．一方，幼い子供以外は普通'妈'を用いる．'我妈出去了'〔お母さんは出かけています〕．'娘'は話し言葉で，呼びかけに用いる．多くは農村部で使われる．

■『白水』妈：（多く呼びかけに用い）母ちゃん，お母さん，母，母親．¶妈, 快去吧。＝お母さん，早く行こうよ．／他妈在工厂工作。＝あの人のお母さんは工場で働いている．

妈妈：（直接の呼びかけにも用い）母，母親，お母さん，お母ちゃん．¶你妈妈今年多大岁数？＝君のお母さんは今年何歳ですか？

母亲；母，母親．（自分・他人の母親を指し，直接の呼びかけには'妈妈'を用いる．）÷妈妈((常))

■『大修』妈：母．お母さん：母親に対する呼びかけにも用いる．〔妈妈〕同前．〔我的妈！〕あれっ！助けて！⇒〔母①〕

妈妈：①お母さん．②[転]（夫が子供の前で妻のこと

をいう時によく用いる）お母さん．

母親：母．母親．〔我母親〕わたしの母．〔祖国，我的母亲！〕わが母なる祖国よ．⇒〔妈〕

◇親字〔母①〕に，呼びかけには"〔妈〕を用いる"旨，注釈がある。

■『光生』 妈：お母さん．母親；呼びかけにも．

妈妈：お母さん；直接の呼びかけにも用いる．

母亲：①（身分としての）母．母親．②（ひゆ的な）母．＜祖国，我的母亲！＞祖国，我が母．③お母さん．母上；他人の母に対し．＜母亲出去了没有？＞お母さんはお出かけになりましたか．

規範的な日本語では，自分にとってウチである「母」（＝自分の母）と，ソトである「母」（＝他人の母）は，異なる形式で指示する（「母がよろしくと申しておりました」vs.「お母様は，お元気でいらっしゃいますか？」）。この区別をする話し手にとって，中国語の「母」に該当する語にはその区別があるのかないのか，気になるところであろう。また，親族名称一般について言えることだが，「呼びかけ」に使う表現なのか，「指示」に使う表現なのか，という区別は重要である。

どの辞書も，多かれ少なかれ，語釈においてあるいは用例において，この2点には留意している。『小学』の"妈妈"の用例は，当該の語の限定詞に，一人称から三人称まですべてを用意しているところなど，芸が細かいといえようか。

『講談』の囲み記事が豊富であることは上述したが,この辞書は,また,「類義語」という括りの囲み記事も多数提供しており,相当数の類義語グループについて詳述している。上記の"母亲，妈妈，娘"は,その一例である。『東方』も同様に,「類義語」に関する豊富な囲み記事がある。また,『小学』もそれに劣らぬ詳しい記述が,"母亲"の項に付されている。

2.5 身体動作

喝

日本語の「のむ」と英語の"drink"はその守備範囲が異なる,という話題も,ポピュラーなものである。同様に,日本語の「のむ」と,中国語のほぼそれに該当する"喝"も,指す範囲が異なる。そのあたりを辞書がどう処理しているか見てみる。以下の引用では,発音・品詞などの記述は省略した。また,ここでの議論に直接関係しない語義の説明は省略した。

- ■『小学』 （液体または液体状のものを）飲む．¶喝水／水を飲む．¶喝茶／茶を飲む．¶喝酒／酒を飲む．¶给病人熬点粥喝／病人におかゆを作って食べさせる．

    [参考]「飲む」に対応する語には"喝"のほかに"吃""吞""饮""吸"などがあり,次のように用いられる．¶吃药／薬を飲む．▶水薬の場合は"喝药"を用いる．¶吃奶／乳を飲む．¶吞声／声を飲む．¶饮恨／恨みを飲む．¶吸烟／たばこを飲む．

- ■『大修』 ①（水・茶などを）飲む．酒を飲む．〔喝茶〕お茶を飲

む．〔喝酒〕酒を飲む．〔喝醉了〕酔った．〔喝得成了泥了〕泥酔した．〔我喝不多，一喝就上脸〕わたしはあまり飲めない．飲むとすぐ顔に出るんです．→〔吃药〕
②（粥などを）すする．〔喝粥〕かゆをすする．

- ■『白水』　（液体や流動性のものを）飲む．¶我喝了一杯茶。＝私は茶を一杯飲んだ．／把药全都喝下去吧。＝薬を全部飲んでしまいなさい．／我喝醉了酒。＝私は酒を飲んで酔っ払った．／喝汤＝スープを飲む．／喝粥＝粥をすする．

- ■『東方』　（液体を）飲む．∥喝开水／お湯を飲む∥喝咖啡／コーヒーを飲む∥酽酽地沏杯茶喝／濃くいれたお茶を1杯飲む∥把药全都喝下去吧／薬を全部のんでしまいなさい∥喝粥／粥を食べる∥喝酸奶／ヨーグルトを飲む∥把一瓶牛奶喝光了／牛乳を1本飲みほした．

- ■『光生』　飲む；液体飲料・流動食物をとる．⇒＜喝水＞．＜喝粥＞かゆをすする．

- ■『講談』　飲む．∥喝水　水を飲む．∥喝茶　お茶を飲む．∥喝牛奶　牛乳を飲む．∥喝粥　粥を食べる．

「かゆをすする」と表現したいときには，この動詞を使うべきであることは，どの辞書も取り上げている。

「薬をのむ」は，固形の薬の場合は「たべる」に相当する"吃"を使い，液状の薬の場合，「のむ」に相当する"喝"を使う。この区別を明確にしている『小学』の説明と，"吃药"を参照するよう指示をしている『大

修』は，日本語話者に対する配慮がなされているといえよう。『白水』は「スープ」の用例も挙げているが，これも有益であろう（英語では，「スープを飲む」は"to eat soup"であるというのは，有名な話題であるから）。

因みに，文型に対して格別の注意を払う『白水』は，動詞："喝"が辞書形のまま現れている用例の他に，a)実現／完了のアスペクト辞が付属した用例，b)方向を示す補助動詞が付属した用例，c)［原因＋結果］型複合動詞になっている用例，を挙げている。これが方針なのであろう。

逆に，『講談』は，用例がすべて辞書形で，しかも，「水／お茶／牛乳を飲む」という，学習者が類推で処理できそうな（また，それで誤りではない）例を，わざわざ挙げている。

<u>咂嘴</u>

ここでは，"咂嘴"＝「舌打ちをする」というジェスチャーのもつ意味を，辞書がどう記述しているか見てみたい。チェックポイントは，日本の社会におけるこの行為は，マイナスのニュアンスを持つ態度しか表さない（賞味の際の「舌を鳴らす」は，また別の動作であろう）が，中国では，プラス・マイナス双方のニュアンスの態度を表しうる，という点を押さえているかである。

■『小学』　（称賛・羨望・驚き・困惑などを表すときに）舌を鳴らす．¶他一边儿咂嘴,不住地说:"真好吃,真好吃!"／彼は舌を鳴らしながら,うまい,うまいとしきりに言っ．¶他满意地咂了一下嘴／彼は満足げに舌を鳴らした．

■『白水』　（称賛・羨望・驚き・悔しさ・困惑などで）舌を打つ，

舌を鳴らす．(舌先と硬口蓋の間で発する「チッチッ」「チェッチェッ」という舌打ちの音で，日本語では不満を表す時や物を味わう時に発する．)¶他又叹气又咂嘴:"唉！啧！你不知道我的难处。"＝彼はため息をついたり舌打ちしたりして言った，「ああ！君は私の苦しい立場がわからないのだ」／他咂着嘴赞美她的舞姿。＝彼はチッチッと舌を打ち鳴らしながら彼女の舞う姿を褒めそやした．

■『東方』 舌打ちをする，舌を鳴らす：称賛，不満などを表す．‖点头咂嘴儿，赞叹不已／首をふり，舌を打って褒めそやす‖他听了只咂了一下嘴，什么也没说／彼は聞くなり舌打ちしただけで何も言わなかった．

■『光生』 舌をならす．賛美・嘆惜する時．

■『講談』 舌打ちをする（羨望・賞賛・驚きなどを表す）．

■『大修』 舌打ちをする：羨慕・賛美・嘆賞・嘆惜の気分を表す．〔刘老老此时点头咂嘴念佛而已〕(紅6)劉ばあさんはこの時は，うなずいたり舌うちしたり念仏を唱えたりするだけだった．

◇ 清代の小説《紅楼夢》からの用例が挙げられている．プラスの態度表示ともマイナスの態度表示とも判別しがたい。

どの辞書も，称賛／賛美を表しうることには触れている。しかし，日本の社会の習慣との最大の違いであるこの点は,感覚的に理解しにくい点

でもある。これは，（　）に入れて説明するだけよりも，用例も示したほうが親切であろう（学習者が安心できる）。プラスの態度を表す用例をあげる『小学』『白水』『東方』は，その点で評価できる。しかし，「ほめている」ことが実感として伝わる例文という観点から例文の良し悪しを見れば，『小学』のそれが，いちばん良い例文といえる。『白水』は，プラスの態度の例文ほどには，良い例文とは言えない。『東方』のそれは，前二者に比べればリアリティのない例文である。

2.6　社会活動

<u>工作</u>

この名詞／動詞は，「一般的な意味での仕事（をする）」という意義の他に，「イデオロギー工作」や，日本語でいうところの「地下工作」「スパイ工作」にあたるような意味もある。この意味に焦点を絞って，各辞書の記述を見てみる。以下の引用では，発音・品詞・共起する量詞などの記述は省略した。また，ここでの議論に直接関係しない語義の説明は省略した。

- ■『小学』　仕事；業務；任務．¶工作量／仕事の量；作業量．¶宣伝工作／宣伝活動．¶他是做消防工作的／彼は消防の仕事をしている．¶科学研究工作／科学研究の仕事．¶近来工作忙吗？／近ごろ仕事は忙しいですか．¶工作人員／（仕事の）要員．

    [日中]学課の「工作」は"手工课"（工作の時間），働きかけを意味する日本語の「工作」は"工作""活动"などを用いる．この場合，"做工作"として用いることが多い．¶対他做工作／彼に工作する．¶做准备

工作／準備工作をする.

■『光生』 ③工作. 運動. 活動；多く［做工作］として用いる. ＜两个人又约好分头去向亲友做工作＞二人は又よく打ち合わせをしてそれぞれ親せき友人に工作した.［社会工作］社会活動.［科学研究工作］科学研究活動.［工作作風］活動作風.［工作情绪］活動意欲.［工作者］活動家. 従事者.［科学工作者］科学関係者.［政治工作者］政治活動家.［商業工作者］商業従事者.

■『白水』 （ある目的のため事前にする）説得，工作，運動，働きかけ. ¶我经常给同学做工作。＝私は普段からクラスメートに働きかけや説得をしている．／老师做学生的思想工作。＝先生は学生にイデオロギーの宣伝をしたり誤った考えを改めるように説得をする．／做地下工作＝地下工作をする.

■『大修』 労働・労務・勤務・作業・業務・就労・活動・工作・対策・役目・任務・仕事・職業・事業・働きなどの意に広く用いられる.

■『東方』 業務.‖宣传工作／宣伝業務‖科研工作／科学研究業務‖布置工作／業務を手配する‖主动要求工作／進んで仕事を求める.

■『講談』 ◇該当する記述なし。

『小学』の「彼に工作する」，『光生』の「親せき友人に工作した」は，一般人にとって具体的な意味をなす日本語ではあるまい（このような言

い回しは，日本語では，すでにある種のジャルゴンである)。これだけを見て具体的なイメージの湧く学習者は，すでに中国事情に通じているといえる。

『白水』の用例の説明的な日本語訳(文学作品の翻訳ではないのだから，説明的であるのは問題あるまい)には，一般人に対する配慮がある。

『大修』の記述では，使用者は，自分の求める意義がどれなのか探すことが困難である（例文がない）。該当しそうなものをすべて列挙すればよいというものではなかろう。

『東方』の記述は，意図的に「イデオロギー色」を薄めたのかもしれない。

革命

日本語では，「長いこと革命をしてきたが，まだ革命をし終わっていない」という表現は，どこか奇妙である。また，「彼は 20 年間革命をしている／した」も，どこか違和感のある表現であり，これを強いて解釈すれば，「革命を起こすための準備に，20 年を費やした」とパラフレーズされる可能性もある。その理由は，日本における「革命」は，比較的短時間で終了するイベント——例えば，政治犯を収容した牢獄を襲撃する，国王を断頭台に送る，というイベント——のように捉えられているからではないだろうか(革命に従事している一部の人々はそうではないかもしれないが)。よって，「革命をする」というフレーズの持つアスペクト特性も，自ずとそういうものになる。

しかし，中国語の動詞："革命"は，そうではない。その辺りの捉え方を見てみる。以下の引用では，発音，品詞，共起する量詞などの記述は

省略した。また,ここでの議論に直接関係しない語義の説明は省略した。

- ■『大修』 革命（をする）〔革命闯将〕革命の猛将.〔革命对象〕革命の対象となる人（物）〔革命风暴〕革命のあらし.〔革命接班人〕革命の後継者.〔革命不怕牺牲〕革命をするには犠牲を恐れてはならない.〔光想革别人的命,没想革自己的命〕他人を革命する事ばかりを考えて,自分自身を革命することを考えなかった.〔俄国十月革命〕ロシア十月革命.〔革命家〕革命家. 根本的な改革・変革をする.〔技术革命〕技術革命.〔每一篇文章,每一个批评,差不多都要革我的命〕どの文章も批判もほとんど全部わたしに根本的変革を迫っている.〔革了几次命,也不一定会革完命〕数回の革命をしても革命し終わったとは言えない.

- ■『白水』 革命をやる.（状況を）根本的に改革する. ¶被压迫人民纷纷起来革命。＝抑圧された人民は続々と立ち上がり革命をやる. ／他们在山区革命一辈子。＝彼らは山間地帯で一生涯革命をやる. ／我们革了二十多年命。＝我々は20数年間革命をやった. ／咱们起来革地主的命！＝おれたちは立ち上がって地主に対して（革命を起こそう→）反抗しよう！／他们都努力革落后的技术的命. ＝彼らは皆後れた技術を根本的に改革しようと努力する.

- ■『小学』 革命（を行う）．革命事業（に加わる）．¶搞革命／革命をやる．¶农民起来革地主的命／農民が立ち上がって地主に対する革命を行う．¶革命圣地／革命の聖地.

- ■『光生』　革命する.＜革清朝的命＞清朝に対して革命を起こす.
　　　　　＜革他们的命＞革命をし彼らを倒す.彼らを葬り去る.

- ■『講談』　革命する.‖闹革命　革命を起こす.‖干革命　革命を行う.‖革独裁者的命　独裁者に対し革命を起こす.

- ■『東方』　革命する.‖被压迫的人民起来革命了／抑圧されていた人民が立ち上がって革命を起こした.

『大修』『白水』は,日本語の「革命をする」のイメージや用法に囚われている者に,その変革を迫ることができる用例を挙げていることが,評価できる.すなわち,前者の「…革命し終わったとは言えない」,後者の「…一生涯革命をやる」「…20数年間革命をやった」である.ただ,その日本語は,このままで中国語の意味するところを,誤解なく日本語使用者に伝えられるだろうか.もしかしたら,「'一生涯''20数年間'の間,何度も革命を勃発させることを繰り返した」と——あたかも瞬間動詞の反復態のように——解釈されるかもしれない.

识字

日本語の同形の「識字」は名詞用法しか持たず,その意味は一般的には「文字を知っている(という状態)」である.もちろん,「識字教育」「識字学級」という語彙もあり,そこの「識字」は,「文字を知っているという状態になる」「文字を覚える(ために勉強する)」という意味なのだが,「識字教育」「識字学級」は,日本においても重要な社会活動として現在も歴然と存在しながらも,日本の社会で生活する一般人にとっては,いささか縁遠いものであるので,一般的な日本語話者が後者の意味を意識することは,少なかろうと思われる.

近代になってからの中国では，識字率の引き上げは，非常に重要な国家的課題である。よって，"識字"は社会的に見て重要な語彙である。この語彙は，日本語と同じく，上の段落で述べた2つの意味を持つ。しかし，ある日本語話者の学習者は，"他在识字"という文を，「彼は，今，読み書きできる状態にある」と誤解した。状態動詞の意味でしか考えられず，動作動詞としての用法：「字を覚える（ために勉強する）」を想起することができなかったのだと思われる。

さて，辞書の記述は，日本語話者が意識することが少ないほうの意味を，うまく喚起してくれるだろうか。以下の引用では，発音，品詞などの記述は省略した。

- ■『白水』 识字：字を覚える，字を知っている．⇒识(1)．¶识字班＝（解放戦争時期に解放区で農民などに漢字を教えた）漢字学習班．

  识(1)：（人・所・物・字などを）知る，覚える，見分ける．¶每天识识字儿，看看电视，她晚年过得可舒心了．＝毎日字をちょこっと覚えたり，テレビをちょっと見たり，彼女は晩年誠に気楽に過ごした．／这孩子才两岁，已经能识字了．＝この子は2歳になるかならないうちに，文字を知っている．

- ■『光生』 ①字を覚える．＜识一百个字＞100字覚える．②文字が読める．

- ■『大修』 文字が読める（を知っている）〔识了多少字？〕字はどれくらい読めるようになったか．〔识字教育〕文字が読めるようにする教育．〔识字班〕基本的文字の読み書き

能力を習得するためのクラス．〔识字课本〕読み書き入門書．

- ■『小学』 字が読める．字を覚える．¶读书识字／勉強して字を覚える．¶识字不多／字が少ししか読めない．

- ■『講談』 字を覚える．字が読める．

『白水』は，"识识"という重畳形式の用例を挙げている。この形は動作動詞に特有のアスペクトを表すので，状態動詞としての解釈が入る余地がない。よい用例である。

『光生』の"识一百个字"は，「100 字覚える」という日本語が添えてあるが，このフレーズだけを見るなら，「100 字読める」という日本語にしてもさしつかえない。また，『大修』の"识了多少字？"は，「字はどれくらい読めるようになったか」という日本語が添えてあるが，これも「字をどれだけ覚えたか？」という日本語にしてもかまわない。どちらも，『白水』の用例には及ばない。

3 それぞれの辞書について

以下には，「異文化理解という観点から見た」というこの文章の趣旨からは離れるが，それぞれの辞書の一般的な特徴などを，簡単に記しておきたい。

『小学』

『小学』の記述は，1)中国語と日本語の対照，2)日本語話者にとって，類義語と思われるような語彙のグループの弁別，に重点が置かれている。

この文章では，(2)の例をあまり挙げなかったが，(1)は上で挙げた例からもじゅうぶん伺える。

日本語話者の中国語学習者が嵌りやすい陥穽を先回りして塞いでおくような配慮が，周到になされているといってよい（俗に謂う，「こどもを一人歩きさせる前に，肥溜めに蓋をせよ」という配慮である）。また，囲み記事も豊富である。ただ，この辞書は，見出し語に品詞を記していない。現代中国語の品詞分類にはいくらか異説があることは確かであるが，品詞を明記した辞書に慣れた日本語話者の学習者の目にそれがどう映るか，考えるべきではなかろうか。

『講談』

『講談』は，さらに，囲み記事が豊富である。「文化の森」「文字と発音」「話してみよう」（話題別会話例集とその話題に関連した語彙集）「類義語」などの囲み記事がある。「類義語」などは，お手軽な類義語辞典よりも，収録語彙が多いのではあるまいか。

この辞書は，概して，語釈は短く用例も少ないが，そのかわり，すべての用例のすべての漢字に発音が注記してある。

『大修』

『大修』は，現在の版でも，ここで扱った辞書のうちでは 2 番目に古く，また，その初版は，1960 年代の発行である（ただし，現在の増訂第二版は，その初版にかなり手を加えているとのことである）。また，他の 4 冊が現代語に的を絞った辞書であるのに対し，『大修』は，近代以前の口語文献の語彙も収録している辞書である。21 世紀になって出版さ

れた現代語専門の辞書と同列に扱うのは，少し不利かもしれない。

しかし，現代語の辞書としてみても，この辞書はその存在価値を失っていない。この辞書でなければ得られない情報（語釈，用例ともに）がある。

『白水』

用例がよく考えられていること，また，この文章の引用では省略したが，文型に対する注記が行き届いていることなどは，特に注目に値する。

ただ，良くも悪くも「すみからすみまで，じっくり読む辞典」である。例えば，"识字"の良い用例も，当該の"识字"の項には書いてなく，"识"の項にある。"识"を参照せよとのポインタが置いてあるが，一般の使用者は，なかなかそこまでは見ないものである。

他にも，次のような事例がある——"停水"（断水する），"停电"（停電する）という語彙は，『講談』では見出し語として掲げられている。『白水』では，見出し語としては存在しないが，動詞"停"の用例としてこの2語が現れる。使用者にとっては，どちらの処理がよいのだろうか。

余談だが，『白水』の"停水""停电"の用例は，どちらも辞書形ではなく，それぞれ異なったアスペクト標識を付した形（现在，还停着申呢。／我们那儿也停过水。）である。一貫した方針があるのだと思われる。

【付記】

この文章は，以前発表した下記の文章に，その後出版された辞書の資料を追加し，全体を修正したものである。

山崎直樹．2002.「（あの）辞書は中国の事物の理解に役立つか？」．『異文化共存時代の外国語教育(3)』：平成 13 年度教育研究学内特別経費プロジェクト（代表：友田舜三）研究成果報告書，大阪外国語大学，pp.79-91.

時事新聞関連語彙の記述比較

—— 中級読解授業「総合中国語」から ——

小川利康（早稲田大学）

I. 中国語の「読みにくさ」を読み解く

II. 専門用語からの派生義

　　圆心 / 辐射 / 群体 / 杠杆

III. ネットワーク用語の採録基準

　　「网」関連

IV. 新語に求められる用例提示

　　手机 / 电子邮件 / 伊妹儿 / 促销 / 房贷

I. 中国語の「読みにくさ」を読み解く

大学三年次の学生を主な対象として「総合中国語」（半期完結13回）という授業を開講している。総合とは言っても，小テスト形式でディクテーションをしたり，暗誦課題を一，二回したりするほかは結局読解教材が中心となる。最初は映画台本を使っていた時期もあったもの

の[1]，会話練習へと発展させるのであればともかく，私の場合，やり方を変えても結局のところ最後は読解に帰結してしまうので，読解用の材料としては少々物足りなくなる。

この三年ほどは目の前にいる商学部生の知的興味に沿った教材づくりを心がけるべきだと考え，インターネット上で 1) 中国社会の変貌（企業の変遷，教育事情など） 2) 日中間の文化的差異（食文化，人間関係，中国大学事情など）などをテーマとする素材を選び，適宜加工して教材としている。ところが，インターネット上から採集する文章は，とてもそのままコピーして印刷するだけでは使えない。もともと悪文の類が多いうえ，紙媒体からスキャンして校正もろくにせずに公開するケースが多いためだ。教材化するには，入念に校正し，短めにリライトするといった作業が欠かせない。さらに学部がセメスター制を採用しているため，半期1回だけの学生から，半期を連続4回取ってくれる学生までいるので，学期ごとに新しい教材を作らねばならない。このため毎学期自転車操業的に教材を探しては加工することになる。新旧入り交じった学生の顔ぶれを見ながら，教材のレベルを塩梅する作業は試行錯誤の連続ながら意外と楽しい[2]。

この自転車操業から汲み取った経験則によれば，文章の難易度は学生にとって必ずしも文法的複雑さに依存するのではない。多少複雑な構文でも常識的な事柄を述べているものならば，意味からの推論で学生達はたいがい読み解いてしまう。だが，これは必ずしも学生達の文法力を証明するものとは限らない。むしろ残念ながら単語をつなぎ合わせ，その場しのぎに読んでいるといった方が実態に近い。タイトルを見ただけで，どんな結末か想像がつくような文章ばかり読んできた弊

---

1) 『中級中国語におけるCAIの活用--学力差のあるクラス指導方法を考える』（2000.10.1）『漢字文献情報処理研究』創刊号(同会)
2) 詳細は講義Weblog（http://china.ogawat.net/）を参照

害なのだが，これでは何時までも初級レベルで足踏みしたままで終わってしまう。生きた中国語の文章を読める「中級」以上を目指すなら，ここは何としても乗り越えたいヤマだ。漠然と単語と単語をつなぐ読解から脱皮し，確実な文法理解を基礎とした読解を心がけるには，常識の枠組みに寄りかかれないような文章を読む必要がある。

そんな意識から筆者の授業では，なるべく辞書に載っていない言葉が含まれている文章を意識的に選んで読んできた。これまで積み上げてきた文法力，語彙力を基礎に未知の概念を読み解いて欲しいというのが授業の目標である。このため近年の辞書刊行ラッシュは少なからず脅威（？）であった。どんな疑問にも応えてくれる辞書が登場したら，学生が想像を働かせる余地がなくなってしまう（！）からだ。幸い今のところ杞憂に終わっているようだが，ここではそんな期待と不安を胸に作ったメモを材料に近刊辞書の印象をご紹介する。予めお断りなければならないのは，私のような辞書の利用方法は決して一般的なものではないし，膨大な語彙を収録する辞書は巨象にも似て，私もまた群盲の一人に過ぎない。ここで述べる印象が辞書の評価に直結するものではないことをあらかじめお断りしておく。

前置きがすっかり長くなって恐縮だが，一口に新語といっても，完全な新語などあり得ない。ほとんどの場合，旧来からの語彙の派生義，転義であり，初めて目にする単語であっても充分類推は可能であり，「ググる」（検索サイト Google で検索をかける）などの手間を惜しまなければ，学部学生であっても新語は理解できる。むろん一般的な語彙でなく，方言や日本語，英語からの転用である場合も少なくないので，決して容易とは言えないが，そのなかで目についた新語を材料に辞書記述を比較してゆこう。

II. 専門用語の派生義

ここで見てゆくのは全て旧来から存在する語彙だから,『小学館1版』にも出ている。だが,従来の語義では解釈できないものである。

　　以日本九州熊本为<u>圆心</u>的味千拉面,36年内<u>辐射</u>到世界各地,如何保证出品质量一致呢？（《东派--味千拉面》搜狐生活频道 2004-03-03)

"圆心","辐射",いずれも原義からそう遠いものではないが,「日本九州熊本を（店舗ネットワーク網の）<u>中心とする</u>味千ラーメンの店舗ネットワークが世界各地に<u>拡がる</u>」ぐらいの意味であり,本来の科学専門用語という性格を失い,比喩的な意味で用いられている。例えば,『小学館1版』によれば,それぞれ以下のような語義が記されている。

　　圆心　＜数＞円心,円の中心

　　辐射　1.　輻射する,放射する。2.　＜物＞輻射

上記のような用法そのものがどれだけ一般化しているかどうかも問題だが,例えば"辐射""经济"の二語を必ず含む文章を検索してみると,上記文例とほぼ同一の語義を持つ用例が674,000件ヒットする[3]。むろん全ての用例を検討したわけではないが,管見の限りでは上記と同一の用例が多数を占め,また一部は"上海形成的<u>辐射</u>经济圈非常广泛"というように"辐射经济圈"熟語すら生み出しつつある。ところが,こうした派生義は『小学館2版』をはじめ,近刊の辞書でも触れられていない。その一方で,本来的用法である語義を含むものを"辐

---

3) 以下の記述でもGoogleを用いた検索結果を紹介しているが,検索条件設定,検索時期によって大きく変動するものであり,厳密な比較考査の対象とはなりえない。あくまでも目安として示したものである。

射"科学"という条件で検索すると 559,000 件と,僅かながら既に上記用例を下回っている。現実的に学習者のニーズを考えるとき,経済的な拡大や拡張を意味する派生義は既に無視できないウェートを占めていると言って良いだろう。どこまで派生義を丁寧に記述するかは辞書編纂者のポリシーによって決まるが,二十年来変わらぬ記述にやや不満が残る。とはいえ,語義の変化を敏感に反映している箇所もある。例えば,

> 关注市场竞争中的弱势群体是经济学的优良传统。(《市场竞争中的弱势群体与经济学》学说连线-理论经济 2004-06-05)

この"群体"も本来的には生物学上の「群体,コロニー」を指す言葉である旨,『小学館1版』には記述がある。だが,現在は上記文例のように社会のなかで何らかの特徴を共有する「グループ」と理解するべき例が圧倒的多数といえる。語義のうえではもちろん派生義ということになるので,どの辞書もオーソドックスに本義から派生義まで記述している。

『白水社版』

> 1 名((生物))群体,コロニー,(以下略) 2 名(共通点を持つ人・物が集まってできる)集団. ←→个体. ¶青年批評家～=青年批評家集団. ～意识=集団意識　企业～=企業集団. 建筑～=建築群. 3 名((略))'群众体育';大衆スポーツ

『東方書店版』

> 1 名[生]群体. 2 名集合体. ｜企业～/企業グループ

『小学館2版』

　　　1<生>群体，コロニー．2 共通するものの集まり．グループ．¶英雄〜/一群の英雄たち．¶企業〜/企業グループ．¶建筑〜=集団建築物．3<化>複合体．

以上の記述に若干でも特徴が見いだせるのは『白水社版』であろう。青年批評家集団，集団意識など，ニュアンスを把握するうえで参考になる用例が追加されている。ほかの辞書がおしなべて『现代汉语词典』の用例をそのまま踏襲しているのに比べれば親切といえるだろう。管見の限りでは同様の傾向が他の語彙にも見いだされ，"杠杆"も大化けした単語といえる。例えば，

　　　对地面停车场高收费，地下停车库低收费，利用<u>价格扛杆</u>调控市场需求。(《北京小区停车问题多　将出台机动车停放管理办法》新京报 2004-02-12）

『小学館1版』を見れば，「てこ」の意味しか出てこないが，当然ここは「価格のてこを利用して市場の需要を調整する」と訳せるが，要するに"价格扛杆"とは「価格差」ぐらいの意味だろう。だが，こうした語釈は辞書からはなかなか得られない。

『小学館2版』

　　　1<物>てこ．槓桿（こうかん）．レバー．¶〜率/てこ比．　2<喩>均衡させたり制御したりする働きを持つ事物〔力〕．¶→〜作用．

『白水社版』

> 名 1((物理))てこ．¶～原理＝てこの原理 2 （比喩的に）てこ．¶公开性是苏联改革的有力～．＝情報公開はソ連改革の有力なてこである．

『東方書店版』には旧来の「てこ」の語義しか記されていないので省く。『小学館2版』には『现代汉语词典』(2002年増補版)以上に踏み込んだ説明はない。『白水社版』も用例を提供してくれているが、「てこ」以上の語釈はない。 これに対して、この言葉が経済用語だと教えてくれたのは『講談社版二版』である。

『講談社版二版』

> 1<物>槓桿（こうかん）．てこ．レバー．2 てこに似た仕組み．レバレッジ ‖ ～原理（企業財務における）レバレッジの法則. ‖ ～作用 経済のてこ作用．レバレッジ効果．

レバレッジ効果とは少額の投資で大きな収益を得ることを指すそうである。だが、この意味と先程の"价格扛杆"とでは大分開きがある。英語から中国語に訳され、広く使われるようになった段階で相当バイアスがかかったものと推測されるが、その疑問に応えてくれる辞書は見あたらなかった。ましてや杠杆收购、LBO〔レバレッジド・バイアウト〕など載っているはずもない。今後、こうした用語への目配りが出来る人材の参加が辞書作りには不可欠だろう。

III. ネットワーク用語の採録基準

旧来の語彙から新たに派生して生まれた言葉を見てきたが、従来存在しなかった概念を表現する語彙もある。その代表格がコンピュータ、ネットワーク用語であろう。どの辞書もこの分野の語彙は独自判断で

収録に努めており、辞書ごとの特色が伺われる。一例として"网"から収録語彙を掲げてみよう。独自に収録する語彙だけはゴチックで示した。

『白水社版』

网吧，网虫，**网恋**，网络，网迷，网民，**网名**，网页，网友，网站，网址

『東方書店版』

网吧，网虫，网络，网路计算机，网路经济，网迷，网民，网页，网友，网站，网址

『小学館2版』

网吧，网虫，**网关**，**网卡**，网络，网络电话，网络计算机，网络经济，**网络新闻**，网迷，网民，网上冲浪，网页，网友，网站，网址

他の関連語彙も同様の傾向を示しているが、『小学館2版』の用例が群を抜いて豊富である。なおかつ専門的な"网关"（ゲートウェイ）や"网络新闻"（ネットニュース）も収録しているうえ、このほかにも囲み記事"电脑"を設け、関連用語を分野ごとに詳しく紹介しており、力の入れ方が違う。だが、親字そのものの説明項目では、

『小学館2版』

3，網に似た組織・系統：網（もう）．ネット．

という語釈は伝統的な"網"という概念の中にネットワークという強い造語能力を持つ意味を含めており、やや保守的な解釈という印象を免れない。他の辞書では『现代汉语词典』(2002年増補版)を踏まえて概ね 1) 網状のモノ 2) 人的, 組織的連絡網 3) インターネット, ネットワークと3つに分割して説明しており、この方が学習者にとっても親切ではないかと思われる。恐らく小学館版の刊行が他社に先行した(2003年1月)ため充分参照できなかったのであろう。

中国で刊行されているネットワーク上の常用語彙を収集した辞書としては, 易文安編著『网络时尚词典』(海南出版社2000年10月), 于根元主編『中国网络语言词典』(中国经济出版社2001年6月)などがある。前者はネットワーカー自身が著者となった例で, 辞書というよりも《悪魔の辞典》ネット版といった趣で, 辞書というよりも読み物に近い。後者は北京広播学院教授の応用言語学者による労作で, 辞書の体裁を整えている唯一の書である。その序文で周洪波[4]は、先行論文[5]からネットワーク用語の三大分類を紹介している。

1) ネットワークと関連する専門用語（例：鼠标, 硬件, 软件）

2) ネットワークと関連する特殊な用語（例：网民, 网吧, 黑客）

3) ネットワーカーがチャットルームや掲示板で常用する言葉(例：美眉, 大虾, 斑竹)

この三者のうち, 上記辞書で網羅されているのは 1) 2) に限られる。中国でも 3) の言葉については"品味不高""负面影响"が指摘されるのだから, 規範的中国語しか記載しないという節度を持つことも一つ

---

4) "包二奶""三陪"を収録して議論を呼んだ『新华新词语词典』の編者
5) 曲彦斌『计算机网络语言交流中的身势情态语符号探析』(『语言教学与研究』2000年4期)は顔文字の内容を分類分析した珍しい論文である。

の見識だろう。だが，もう一方で"包二奶""三陪小姐"を記載している辞書も少なくない。つまり，不採録の理由は規範性にはないようだ。ならば，もっと単語採集の幅を広げていれば上記辞書は参照できたのではないかという憾みは残る。

VI. 新語に求められる用例提示

ネットワーク用語以外の新たな概念を表現する代表といえば，携帯電話であろう。"手机"などは『小学館1版』には出ているはずもないが，近年は初級教科書でも取り上げられている単語であり，近年の辞書には例外なく収録されている。それだけに，おざなりの語釈だけでは物足りない。

先日も，知人と雑談の折に"打手机"といえるかどうかが議論になった。ネィティブスピーカーである彼の意見では"用手机打电话"が正しい，というものだった。であるとすれば，"手机"は"电话"に代替可能な概念でなく，その下位に属する概念ということになる。日本語が正しく「電話する」といえても，「携帯（電話）する」とはいえないのと同様である（たぶん）。日本語でも「携帯で電話する」とならねばならない。その疑問を抱いていたところに，こんな文例に出会った。

> 手机已成为当今较普遍使用的通讯工具，但在**打手机**前，你最好先取下眼镜，特别是金属架的眼镜。（《打手机应取下眼镜》星辰在线 **2003-9-16**）

この例文に従うなら，"手机"は"电话"の下位概念ではなかったということになる。中国語が母語とはいっても日本滞在が長い知人の場合，日本語からの干渉はやはり避けられないのだろうという結論になっ

たが、念のため"用手机打电话"でも検索してみたところ、22,100件もヒットした。どうやら、両方とも表現として存在するようだ。ただ、後者の"用手机～"は"打电话"の前に修飾語が付けた形も含めて検索したので、厳密に"用手机打电话"に限定すると、1,720件にまで減少してしまう。このあたりに両者の使い分けの理由が存在すると思われるが、どの辞書も常用語彙のわりに説明は素っ気ない。

『白水社版』

　　　名携帯電話．≒移动电话．→大哥大¶打～．关～．用～打电话．

『東方書店版』

　　　名携帯電話：'移动电话'ともいう．

『小学館2版』

　　　<略>携帯電話．¶打～

このなかで唯一疑問に答えてくれるのが、『白水社版』である。常用語彙については初級中国語指導のイロハとして「必ず動詞と組み合わせて、特殊な量詞が必要なら、量詞も覚える」ことが求められると思うが、その疑問に答えてくれる辞書であることが望ましい。

同様の例として"电子邮件""伊妹儿"なども殆どの辞書が掲載しているものの、用例は省いている。唯一、『小学館2版』コラム「信⑪电子邮件」でメールの文例も紹介し、"发电子邮件"という用例を紹介するのみである。他の辞書はおしなべて語義のみで、使い方が分かる書き方がない。最低限動詞との組み合わせは言及されても良いので

はないか。ちなみに"电子邮件"と"伊妹儿"をGoogleで用例比較すると，用例数こそは"电子邮件"が圧倒的に多い（4,160,000件）ものの，バラエティに富んでいるのは明らかに"伊妹儿"（86,100件）であり，動詞としても利用されることがわかる。極端な例だが"e给你照片　看不到我北半球的孤单"（林依晨《孤单北半球》）という表現すらある。eとはもちろん"伊妹儿"のこと。「写真を貴方にメールした」位の意味であろう。日本でも一時期「メールを打つ」と言っていたが，最近は聞かなくなった。サ変動詞化させて「メールする」と言うのが当たり前になっている。中国語でも外来語故に品詞属性の曖昧な"伊妹儿"が動詞に転用され，名詞としての"电子邮件"との棲み分けが徐々に明確になってくるのではないかと思われる。

新語だからこそ用例が安定しないので語義のみにとどめるというのも一つの見識であろうが，頻用される語彙についてだけでも，中国本土にはない踏み込んだ分析があっても良いのではないだろうか。むろん限られた範囲のデータだけでも用例は膨大な量にのぼり，その作業の困難さは十分理解できるが，頻用語彙だけでも念入りに吟味することは可能ではないだろうか。

なお公平を期して記しておくと，"手机"では行き届いた記述のあった『白水社版』だが，"促销"のような当たり前の語彙が抜けている。『現代汉语词典』にも収録されているにも係わらず省かれているのは，おそらく略語のためであろうが，現在"促进销售"という表現がむしろ聞かれない現在，略語を残すべきだったと思われる。

『東方書店版』

> 動商品の販売を促進する. |以重奖～　|拿出营业额的百分之三用作～费用 | ～小姐.

『小学館 2 版』

　　　　販売を促進する．¶利用广告～/広告で販売促進する．¶～
　　　　员/販売促進員．

また略語に限らぬが，『小学館 2 版』にのみ収録されている語彙も幾つか目に付いた。たとえば，"房贷"（住宅ローン）などは，ほかの辞書に収録されていない。やはり実質的な語彙数においては『小学館 2 版』が最も多い印象を受ける。

V. 小結

手元の授業用ノートを見ながら書いたので，まとまりが悪くて恐縮だが，新語，流行語にまつわる辞書記述の問題点をなるべく具体的に書き出してみた。冒頭にも断ったとおり，辞書の全体構造を見通して分析評価するのは筆者の手に余ることである。

いまや大量の新語がインターネット上に氾濫している時代である。採録作業は決して難しいことではない。だが，無制限に採録できない以上，何を採り，何を捨てるのか，明確なポリシーを持つべきであろう。以前のように手作業で使用頻度データベースを作らなくても，様々なリソースがあるのだから作業は決して難しくない。また，新語だからといって単に単語の意味が書いてあれば良いという時代でもない。ネット上で検索すれば，例文は即座に見つかるから大体の意味は推測できる。辞書に求められるのは適切な訳語と規範性のある例文である。隴を得て蜀を望むようなものかも知れないが，もっと明確なポリシーがあって，こだわりのある辞書が欲しいものである。（2005/02/13 稿、06/03 一部加筆）

親字，下位区分の仕方
―― 助動詞"会"の項について ――

小栗山　恵（大東文化大学・非）

1.『中日辞典（第2版）』小学館 2003 年（第1版 1992 年）

2.『中日辞典（第二版）』講談社 2002 年（第一版 1998 年）

"会"の項目を通して『中日辞典（第2版）』小学館,『中日辞典（第二版）』講談社の比較を試みる。ここでは,それぞれ『小学館』『講談社』とする。この2冊の辞書では"会"を前者は18に,後者は15の語義に分けている。このような多くの意味をもつ"会"の全体像をつかむ工夫として,『小学館』では「ポイントのまとめ」,『講談社』では「語義の派生ツリー」を設けている。

1. 小学館『中日辞典（第2版）』

複数の語義を持つ常用語には「ポイントのまとめ」というコラムが設けられている。親字のすぐ下,語義の説明のすぐ上に配置されているので,複雑な語義に一つ一つ目を通す前に,その語の輪郭をおおまかにつかむために便利である。「ポイントのまとめ」（以下「まとめ」とする）は全部で 69 あり,その一つとして"会"についてもまとめられている。以下の通りである。

```
♠ポイントのまとめ
①集まる．                           1-1
②会う．                             1-2
③集まり．会合．(組織としての)会．    1-3,4
④重要な都市．                       1-8
⑤時機．機会．                       1-9
⑥理解する．わかる．                 2-1
⑦できる．通暁する．                 2-2
⑧助動詞：…することができる．        3-1
⑨助動詞：…するのが上手である．      3-2
⑩助動詞：(可能性)…するであろう．    3-3
⑪しばらく．ちょっとの間．           5
```

「まとめ」の後方に付されている数字は，「まとめ」に続いて記述される各語義の説明のどれに相当するかを示したものである。これは視覚的な効果を高めて分かりやすくする工夫であるが，「まとめ」により分類された丸数字とそれに対応する語義区分の数字が一致していないため，この工夫が十分に効果を上げているとは言い難い。

例えば「まとめ」の⑧「助動詞：…することができる」の語義を見る場合，「⑧」に該当する項目で探すのではなく，⑧の最後にある「3-1」で探さなければならない。

これに対し，次に挙げる『講談社』の「語義の派生ツリー」は，派生ツリーの数字と語義の区分が一致している点でより分かりやすいと言える。

「まとめ」の下に示される語義の説明は，語源が異なるなどの理由により，意味に大きな隔たりがある場合には 1 2 3 によって分類されている。意味が複数あるものは 1, 2, 3 により分けられ，更に分類が必要な場合，語法的なものは a, b, c, 意味的なものは①②③で示されている。 (以下の用例，文法説明などは省く)。

```
❶
1 集まる；落ち合う；いっしょになる．
2 会う．面会する；会見する．
3 集まり．会合．集会．
4 （団体組織としての）会．
5 縁日．
6 お寺に参詣して願をかけたり豊作を
  祈ったりする時に組織する団体．
7 頼母子講．無尽講．
8 重要な都市．
9 時機．機会．
10 <書>折りよく．
11 <書>…べきである．
❷
1 理解する．わかる．
2 できる．通暁する．
❸ <助動詞>
1 （何らかの技術を習得した結果）…
  することができる．
2 …するのが上手である．
3 （可能性があることを表す）…
  するだろう；…するはずだ．
```

2. 講談社『中日辞典（第二版）』

同形同音であっても意味上同系統と認められない親字は別個に挙げられ，文字の右上に数字が付されている．語義区分は❶❷❸で示され，更に細かく分ける場合は①②③と表されている．

"会"の項目を見ると，派生順に並べた「語義の派生ツリー」（以下「ツリー」とする）がまず目に入る．語義の原義から派生義への展開は『現代汉语规范字典』（李行健主編，語文出版社）の分析に基づいている．これは中国語では初めての試みとされ，常用字の全体像をつかむ新しい方法である．"会"の項目は四つの親字に分けられ，複数の語義をもつものに「ツリー」が図示される．助動詞"会"を含む記述は以下の通り．

```
❶理解する──❷できる,通暁する
              ┣❸…できる
              ┣❹上手にできる,長じる
              ┗❺…する可能性がある,
                 …するはずである
```

語義の説明は「ツリー」のすぐ下に記される。

> ❶理解する．悟る．
> ❷<動>（練習や習得の結果）できる．通暁する．
> ❸<助動>（練習や習得の結果）…できる．
> ❹<助動>上手にできる．長じる．
> ❺<助動>…する可能性がある．…するはずである．

「語義の派生ツリー」は，語義の派生関係を視覚的に捉えるのに便利であるだけでなく，「ツリー」の数字が後述される語義の区分と一致している点においても"会"の全体像を捉える上でわかりやすい。

例えば，上述の助動詞"会"を含む例について言えば，品詞に注目すると，付属形態素の❶「理解する」("体会""误会"など)の後に，動詞の❷「通暁する」，更にその下に助動詞の❸「…できる」❹「上手にできる」❺「…する可能性がある」など三つが並んでいる。こうした助動詞 "会"の語義の派生関係が，品詞別に下位分類されていることも一目瞭然である。この点からも他の辞書と差別化できると言えよう。

コラム（囲み記事）に見られる"会"

小栗山　恵（大東文化大学・非）

1. 小学館『中日辞典』（第 1 版 1992 年・第 2 版 2003 年）

2. 東方書店『東方中国語辞典』(2004 年)

3. 講談社『中日辞典』（第一版 1998 年・第二版 2002 年）

4. 白水社『中国語辞典』(2002 年)

5. 「可能性」を表す"会"の記述について

"会"の項目を通していくつかの辞書のコラムの比較を試みる。使用する辞書は『中日辞典』小学館（第 1 版 1992 年，第 2 版 2003 年），『中日辞典』講談社（第一版 1998 年，第二版 2002 年），『東方中国語辞典』東方書店（2004 年）の 3 種とし，それぞれ『小学館』『講談社』『東方』とする。なお，その他必要に応じて『中国語辞典』白水社（2002 年），『现代汉语词典』商務印書館（試用本 1973 年，増補版 2002 年），『现代汉语八百词』商務印書館（第 1 版 1980 年，増補版 1999 年）なども参照する。

1. 小学館『中日辞典（第 2 版）』

見出しの下に，必要に応じて「語法」（文法上の注意事項）や「比較」（類義語間の意味・用法の違い）などのコラムが設けられている。"会"の説明については，"能"の項目の「比較」の中で扱われ，"会"との意味，用法の違いが記されている。

> 比較 能：会 huì ①ある動作または技術がはじめてできるようになったこと(会得)を表すには"能"も"会"も用いるが、"会"のほうがより多く用いられる。¶他会〔能〕开汽车了／彼は自動車が運転できるようになった．
> ②ある能力が回復して再びできるようになったことを表すには、"能"しか用いない．¶他病好了,能〔×会〕走路了／彼は病気が治って歩けるようになった．
> ③ある種の能力を持っていることを表すには"能"も"会"も用いるが,具体的にどの程度まで達しているかを表すには"能"しか用いることができない．¶她能〔会〕用中文文字处理机 chǔlǐjī, 一分钟能〔×会〕打八十多个汉字／彼女は中国語ワープロができ，1分間に80字余り打てる．
> ④可能性があることを表すには"能"も"会"も用いる．¶下这么大雨,他能〔会〕来吗？／こんな大雨が降っているのに，彼は来るだろうか．¶今天的棒球比赛,甲队说不定能〔会〕赢 yíng／きょうの野球の試合は甲チームが勝つだろう．▶北方の話し言葉では"能"が，他の方言では"会"が多く用いられる．

これは従来の標準的な定説に基づいた説明である。"能""会"の違いが4点にまとめて挙げられており、その内①〜③では「能力」における相違点が、④では「可能性」における相違点が述べられている。①〜③は『現代汉语词典』(1973版「'能'表示具备学得某种能力或达到某种效率, '会'表示学得某种本领. 初次学会某种动作用'会', 恢复某种能力用'能'」)に基づき、④の「▶」以下は、『現代汉语八百词』(1980「表示可能, 可以用'能'也可以用'会'。下这么大雨, 他能(会)来吗? 早晨有雾, 今天大概能(会)放晴了。 这类句子, 北方口语多用'能', 别的方言多用'会'」に基づいたものと思われる。

2. 東方書店『東方中国語辞典』

類義語の一部には、ニュアンスの違いを解説した「どうちがう？」のコラムが設けられている。これらは月刊誌『東方』(東方書店)に連載

された「類義語のニュアンス」や『中国語類義語のニュアンス』(相原茂・荒川清秀・大川完三郎・杉村博文編, 1995年, 東方書店)及び『どうちがう? 中国語類義語のニュアンス』(同上, 2000年, 東方書店)の成果を反映したものである。そこで"会"の項目を見ると, "会"については"能"と比較しつつ, 以下のように説明されている。

> **どうちがう?** 能 néng 会 huì
> はじめて習得したことを表すには'会'をよく使うが,'能'も使える。'孩子{会/能}爬了'〔子供がはいはいできるようになった〕。いずれも可能性や蓋然性を表せる。'他肯定{能/会}来。'〔彼はきっと来るだろう〕。相違点は'能'は質より量を強調し, 量的に高い水準に達している場合に用いられる。'他很能吃'〔彼はよく食べる〕。'会'は質を強調し, 質的にレベルが高いことを表す。'他很会吃'〔彼はグルメだ〕。

このように,『東方』には従来の辞書にない視点が見られる。例えば「初めて習得したことを表すには'会'をよく使うが,'能'も使える」という説明は, 従来の説明(『現代汉语词典』,『小学館』など)を補うものであり, 中国語学習者にとっては, 定説の解説をふまえた上で得る情報としては有益である。

しかし, 定説の「能力が回復して再びできるようになったことを表すには, "能"」や「能力があり具体的にどの程度まで達しているかを表すのには"能"」などの"会""能"の使い分けに必要な基礎知識は, 従来の辞書によって身につける必要がある。

3. 講談社『中日辞典(第二版)』

中国語学習者にとって欠かせない各方面の知識や話題をコラムにまと

めている。類義語の意味，用法比較，重要な文法的ポイントなどがあり，コラム総数は約1,100にのぼる。その中の「明解文法」は64あり，"能"の項で扱われる「"能""会""可以"」もそのうちの一つである。"会"と"能"の項目は以下の通り。

明解文法 "能" "会" "可以"

「できる」を表すには"能" néng "会" huì "可以" kěyǐ の三つの助動詞がよく使われる。これらはいずれも，アスペクト助詞"了" le "着" zhe "过" guo がつかない，補語をとらない，重ね型にできないなどの共通の性質をもつが，個々の意味や用法には違いがある．

1 "会"
人間や動物が生まれつきもっている潜在能力が，学習により開花してできる．少し練習したり，手ほどきをしてもらえば，基本的には誰でもできるようになることに使う．

‖ 孩子会走路了。Háizi huì zǒulù le. 子供が歩けるようになった．
‖ 他会弹钢琴。Tā huì tán gāngqín. 彼はピアノがひける．
‖ 他会说汉语。Tā huì shuō Hànyǔ. 彼は中国語が話せる．
‖ 鸟会飞，鱼会游。Niǎo huì fēi, yú huì yóu. 鳥は空を飛べ，魚は泳ぐことができる．

1)（あることが）うまい．（あることに）たけている．前によく副詞"很" hěn "真" zhēn "最" zuì などを置く．

‖ 她很会过日子。Tā hěn huì guò rìzi. 彼女はやりくりがうまい．
‖ 他是个会拍马屁的人。Tā shì ge huì pāi mǎpì de rén. あいつはごますりがうまいやつだ．

2)あることが起こり得ることを表す．

‖ 他听了一定会生气。Tā tīngle yídìng huì shēngqì. 彼が聞いたらきっと怒るだろう．
‖ 没想到这天会这么热。Méi xiǎngdào zhè tiān huì zhème rè. こんなに暑くなるとは思わなかった．

コラムの"会"の「人間や動物が生まれつきもっている潜在能力が, 学習により開花してできる」の箇所は"会"の性質を的確に述べており, "能"の1) 2) で示される"会""能"両者の相違点に予め言及していると言える。この点は的確な学習情報を簡潔な表現で提供しようとする工夫として評価できよう。

2 "能"
内に能力や力をもっていてできる, 何かができる能力や条件を備えている。"会"が学習の結果, 基本的にできるようになることを表すのに対して, その上に立って具体的に能力がどの程度かをいう。
我能挑一百斤。Wǒ néng tiāo yìbǎi jīn.
私は50キロ担げる。
我能看中文报。Wǒ néng kàn Zhōngwénbào.
私は中国語の新聞が読める。
他能游五百米。Tā néng yóu wǔbǎi mǐ.
彼は500メートル泳げる。
小张能当领导。Xiǎo Zhāng néng dāng lǐngdǎo.
張君はリーダーになれる。
1) 個別的・具体的状況において, 実現可能であることをいう。
你在明天的联欢会上能表演吗？Nǐ zài míngtiān de liánhuānhuìshang néng biǎoyǎn ma? 君は明日の歓迎会に出演できますか。
车坏了, 他不能来学校上课了。Chē huài le, tā lù néng lái xuéxiào shàngkè le. 自転車が故障したので, 彼は学校の授業に出られなくなった。
2) いったん喪失した能力の回復には"能"が使われ, "会"は用いない。
病人能下地了。Bìngrén néng xiàdì le. 病人はベッドから起きられるようになった。

この辞書の冒頭に「現代中国語辞典の規範になるべく, 正確な情報を盛り込んだ本格派の中日辞典を目指すことにした」とあるが, 編者のその精神を"会"の説明の中にも見いだすことができる。

4. 白水社『中国語辞典』

白水社の『中国語辞典』(以下『白水社』とする)は，『小学館』『講談社』『東方』にあるような囲み記事を設けていない。しかし，①用例数が多いことと，②用例について重要だと思われるものに〔　〕を用いて文型を図示する工夫がされていることの二点を特長として挙げることができる。

①については，『小学館』は 90,000，<講談社>は 85,000 という用例数に対し，『白水社』は 110,000 余りと多い。一方，②については，助動詞を含む"会"の第二項を見ると以下の通りである。

> <動>（試験問題などが）わかる，解ける，できる．
> 　　这些题，我都会。＝これらの問題は，私は全部できる．
> 　　我会了两道题。〔＋目〕＝ 2 問できた．

中国語の動詞は自動詞と他動詞の両用法を持つことが多く，『白水社』では，その点を日本語にない中国語の用法をできるだけ用例に用いるなどして，わかりやすくしている。

囲み記事を設けずに以上の工夫がされるのも，辞書の一つのあり方であると言える。

5.「可能性」"会"の記述について

"能""会"の相違点を，「能力」「可能性」の二つの視点から見た際，いずれの辞書も「能力」に比べ「可能性」の記述が乏しいようである。それぞれのコラムにおける「可能性」"会"の記述は以下の通りである。

『講談社』　　"会"「起こり得ること」("会"2)

　　　　　　　　　"能"「実現可能であること」("能"1)

　　　『小学館』　　「北方の話し言葉では"能"が,他の方言では"会"が用いられている」

　　　　　　　　　("能""会"4)

　　　『東方』　　　─────────

『講談社』は"会""能"個々の性質を述べるにとどめ,両者の違いについては明記していない。『小学館』が地域差における"会""能"の相違点について述べているが,『東方』については,その記述すらない。

ところで,「可能性」における"会"には,以上の記述で示された例の他,「貶義の表現に多く用いられる」という性質が挙げられる。相原(1991・1997)は「マイナスイメージの事が起こりうると判断・推測される場合には,一律に"会"が用いられるということができる」とし,以下の例を挙げている。

　　　路线不对头,一切都会 / *能错。

　　　可怜坏人就会 / *能害了自己。

　　　开始工作时,难免会 / *能遇到一些困难。

"会"のこの性質は,既に多くの先行文献で触れられており(倉石 1963,相原 1991・1997,讃井 1996,山崎・鄭 2000),方言を含めて中国語に広く見られる特性である。

以上のことから、「可能性」を表す"会"、または"能"との相違点については、この特性に注目することにより、"能"と"会"の差をより明瞭に示すことができるはずであるため、辞書を編纂する際にはこの視点も取り入れても良いのではないか、と考える。

《参考文献》

中国社会科学院語言研究所詞典編集室編 1973『现代汉语词典（试用本)』、商務印書館

中国社会科学院語言研究所詞典編集室編 2002 『现代汉语词典（增补版)』、商務印書館

『现代汉语八百词』编写组 1979<难能是双说要又左右－『现代汉语八百词』選例(2)>『中国語文』4 期、中国社会科学出版社

呂叔湘主編 1980『现代汉语八百词』、商務印書館

呂叔湘主編 1999『现代汉语八百词（增订本)』、商務印書館

倉石武四郎 1963『岩波中国語辞典』、岩波書店

相原茂 1991「能・会・可以」『中国語』1 月号、内山書店

相原茂 1997『謎解き中国語文法』、講談社

讚井唯允 1996「助動詞（能，会，可以)」『中国語』10 月号、内山書店

山崎直樹・鄭亨奎 2000「要 会 能」『どうちがう?中国語類義語のニュアンス 2』、東方書店

入門者向け学習辞典における例文の選択

――文型を理解させるための例文という観点から――

山崎直樹（大阪外国語大学）

0 はじめに

  0.1 方法

  0.2 とりあげる辞典

1 比較検討

  1.1 動詞－目的語型複合語

  1.2 特定の前置詞を必要とする動詞

    1.2.1 "跟"

    1.2.2 "給"

    1.2.3 「貸し借り」

    1.2.4 "帮"

  1.3 名詞〜共起する動詞〜共起しうる前置詞

  1.4 同形の語の異なる語順

  1.5 文型に注意を要する動詞

    1.5.1 二重目的語をとる動詞

    1.5.2 複雑な目的語をとる動詞

2 結び

0 はじめに

0.1 方法

この文章では，中国語の入門者向け学習辞典が文型に対してどのように配慮しているかを，「例文の選択」という観点から比較検討する。

入門者向け学習辞典を使用する学習者は，日中辞典を所有していない可能性が高い（これは，中国語教育に携わっているかたには経験的に支持してもらえる事実だと思う）。よって，その入門期学習者が中国語を産出しようとするばあい，それを支援するのは，（教科書以外では）学習辞典の記述であるということになる。

辞書においては，当該の項目が文の中でどのように使われるか，どのような要素と共起するかについて，説明がされていることがあることもある。しかし，入門者にとってより有益なのは，当該の項目の用法が具体的に把握できる用例である[1]。

このように考え，この文章では，「入門者向け学習辞典」とされている辞書において，幾つかの語彙項目について，その例文がその語彙項目の用法の把握にどれだけ役立つ例文であるかを検証してみたいと思う。

0.2 とりあげる辞典

ここでとりあげる辞典は，下記の3冊である（出版年度順）。

---

1) 文法説明だけで具体的に理解できるか，という問題を考えるとき，文法用語への理解度も考慮に入れなければならない。「主述句」「間接目的語」といった用語で，入門期の学習者が何を理解できるか，考えるべきである。

- 『標準中国語辞典［第二版］』，白帝社，1996．以下『標準』
- 『プログレッシブ中国語辞典』，小学館，1998．以下『プロ』
- 『はじめての中国語学習辞典』，朝日出版社，2002．以下『朝日』

1 比較検討

1.1 動詞－目的語型複合語

まず，動詞－目的語型複合語を取りあげる。一見すると1つの語であるかのように見えるが，時には動詞と目的語からなるフレーズとして，間に他の要素を挿入されることもある複合語である。学習者がその用法を習得しにくい複合語でもある。

もちろん，以下で取りあげられる複合語は，中国語辞書におけるお約束どおり，辞書の記載において，分離可能であることが表示されている。例えば，以下の如くである。

 shuì▲jiào 睡觉，xǐ//zǎo 洗澡

ただ，入門者にとってはこれだけでは不十分である（凡例を見，記号の意味を正確に把握してから使用する者はほとんどいない，ということは別にしても）。やはり，分離している例文を示して，その用法を把握させるべきだと考える。

以下では，このタイプの複合語の幾つかについて，分離している例文の有無をチェックした。なお，以下の表において，「×」は，ここでのチェック項目に該当する例文がないことを意味する。当該項目の例文自体が存在しないわけではない。

	標準	プロ	朝日
睡觉	○ 睡了一觉	○ 睡了一觉	○ 睡了一觉
洗澡	○ 你先洗洗澡吧／洗冷水澡	○ 洗个澡解解乏／洗热水澡	○ 洗了澡之后，感觉舒服多了
帮忙	○ 给我帮帮忙吧／帮不上忙	○ 他帮过我的忙／谢谢你，给我帮了个大忙	○ 你可帮了我的大忙了！囲み記事中：我来帮你的忙
生气	○ 生孩子的气	○ 你还生他的气?	×
游泳	○ 游了一天泳	×	○ 游了一天泳
散步	○ 散了一会儿步	○ 我去公园散散步／散一会儿步	× ［注］「公園を散歩する」は，"散步公园"ではなく，"在公园散步"と言う.
留学	×	○ 我去中国留过一次学	
毕业	×	○ 毕不了业	×

『標準』『朝日』は，"毕业"が分離して使用されることは少ないという判断の上であげなかったのかどうか。"留学"についてはどうだろうか。

ここでの話題からは外れるが，"生气"については，入門者にとっての習得困難度という観点から，もう1つチェックすべき点がある。以下のとおり。

	標準	プロ	朝日
"生［怒りの対象］的气"の有無	○	○	×

"生孩子的气"で「こどもに／こどものことで腹をたてる」という意味になることは，学習者には理解しにくい事柄である。

もう1つ，習得困難度という観点から，"毕业"について，次の点もチェックしておきたい。"毕业"に関係する誤用として頻出するのは，

"高中毕业"とすべきところを"*毕业高中"としてしまう例である。この点について，それぞれの辞書は，どのように留意しているだろうか。

	標準	プロ	朝日
毕业	在北京大学毕业	他今年高中毕业	他大学毕业就开始工作了

『朝日』は，「後に目的語をとれない」という注をつけた上で，"大学～"という例をあげ，『プロ』も"高中～"という例をあげている。『標準』は，"在北京大学～"という例をあげている。この2種の例文のどちらが入門者にふさわしいか，検討の上で収録したのか，編纂者に尋ねてみたいところである。

1.2 特定の前置詞を必要とする動詞

ここでは，おもに，特定の前置詞（複数選択可能なものが多い，中西2004参照）を必要としうる動詞を取りあげ，その前置詞を使用している例文をあげているか，チェックする。

チェック項目となる前置詞は，まず"跟"（およびこれに類する前置詞），次に"给"（およびこれと置換可能な前置詞）である。その理由は次のとおり。

学習者にとって，"用、在、对"などの前置詞は，さほど習得が難しいものではない。その前置詞が本来もつ語彙的な意味と前置詞としての用法が結びつきやすいからであろう。逆に困難なのは，"跟"（およびこれに類する前置詞）である。ここでいう「困難」とは，例えば，中国語で「先生に相談する」と表現したいとき，前置詞"跟"（およびこれに類する前置詞）を使用することにすぐ思いあたらない，ということである。

その理由としては，"跟"の語彙的な意味がイメージしにくいことに

加え、"跟"は起点を表すのにも終点を表すのにも使われ、その機能を概括しようとすると、およそ抽象的な表現が必要になることがあげられる（この前置詞の機能については、古川2000、中西2004を参照）。"给"を選択した理由もこれに準ずる（ここでは、受益者（〜のために）を表示する"给"ではなく、着点を示していると思われる"给"を取りあげた）。

1.2.1 "跟"

ばあいによっては、"跟"（およびこれに類する前置詞）を必要とする幾つかの動詞について、それを含む例文の有無をチェックした。

	標準	プロ	朝日
说	○ 跟他说	○ 跟你说件事	×
商量	○ 我已经和他商量好了	○ 跟他商量商量	○ 这件事,我要和父母商量
约	×	○ 我跟他约好了,明天在球场门口见面	×
联系	○ 跟他联系不上	※ 这个问题,请找外事处联系	※ 你去上海,找她联系
打架	×	×	○ 跟人打架
吵架	×	×	○ 跟人吵架
结婚	×	○ 跟高中老师结婚	×
见面	○ 跟他多年没见面了／我跟她只见过一次面	○ [注意]後に目的語をとらない.「…と出会う」は"和〔跟〕……见面"となり"×见面……"とはいえない. 我没跟他见过面	○ 和朋友见面

"联系"については、『標準』は前置詞"跟"を使った例文をあげ、『プロ』『朝日』は、"找"を使った"连动句"をあげている（※印の

個所)。どちらが汎用性があるだろうか。

ついでながら，"打架、吵架、结婚、见面"は1.1で扱った複合語でもあるので，分離する例文があげられているかどうか，以下の表にあげておく。

	標準	プロ	朝日
打架	○ 打了一架	○ 打群架	○ 又打了一架
吵架	×	×	○ 他们吵起架来了
结婚	×	○ 他结过三次婚	×
见面	○ 我跟她只见过一次面	○ 我没跟他见过面	○ 见过他一面

『プロ』はこれらの項目に関して，比較的よく，期待される例文をあげているが，統一的な方針があってやっているのかどうか。

1.2.2 "给"

次は"给"である。動詞によっては，"向"で置き換え可能なものもあるので（中西2004参照），とうぜんそれもチェックの対象とした。

	標準	プロ	朝日
看病	○ 王大夫给人看病去了	○ 大夫给病人看病	○ 李大夫正在给病人看病
介绍	×	○ 我来给大家介绍介绍	×
解释	×	×	○ 他向老师解释了迟到的原因
说明	×	×	○ 向大家说明问题的严重性
讲	×	×	×
拜年	—	×	[注]相手を表す言葉は必ず"向""给"などの介詞をつけて述語の前におく．我给您拜年来了

※"看病"は「診察する」の意義のばあいの例文である。
　　　※『標準』には"拜年"は収録されていない。

"讲"では，"给／向孩子讲故事"のような例文を期待したのだが，どの辞書でも得られなかった。『プロ』と『朝日』では"讲故事"という例文はあがっているのだが。

ここでは，『朝日』が比較的よく前置詞を含む例文をあげている。統一的な方針があるのかどうか。また，同辞書の"拜年"の項の説明は親切だと思うが，特に"拜年"を選んで説明が付してあるのはなぜだろうか。

1.2.3「貸し借り」

ここでは，前置詞の使いかたが意味を規定する"借"をとりあげる。"借"が前置詞を必要とするばあいの例文があげられているかどうかを，この動詞がどんなときに「借りる」であり，どんなときに「貸す」になるかという説明と併せてチェックしたい。

	標準	プロ	朝日
借 （かりる）	我去图书馆借了一本小说 ☆借りる相手を示すには，gēn（跟）またはhé（和）を用いる． 我跟他借了一枝钢笔		我跟他借了一百块钱
借（かす）	〔多く借给として〕 我借给她一把伞		这本书借给我看看好吗？
借（「借りる」「貸す」を一括して）		从图书馆借书／我跟他借了一件睡衣／借钱给他 [注意](1)"借"には「借りる」と「貸す」の両方の意味があるが，単独で用いたときには「借りる」の意味にな	

> ることが多い.「貸す」
> となるためには前後
> 関係など一定の条件
> が満たされなければな
> らない. (2) "借给"
> は「…に貸す」という
> 意味で用いる. 二重目
> 的語をとって「…を…
> に貸す」の形で用いる
> ことも多い. 这支笔能
> 不能借给我? => 借给

どの辞書も,「借りる」では"跟…借"という形になり,「貸す」では"借给"という形になることには言及している。

ついでながら,［借给O_1O_2］という形をとる例文が得られるかどうかをチェックすると,『標準』では, 上表のように"借"の項で見つかる。『プロ』は"借"を参照するよう指示があり, そこ（この辞書だけが"借给"で立項している）を見れば得られる（我借给他一本词典）。『朝日』では得られない。

1.2.4 "帮"

本題から外れるが, ここでは, "帮"の項に, この動詞が前置詞的な使われかたをしている例文があげられているかをチェックする。たとえば, 写真機のシャッターを押すのを依頼するときに使う"请帮我们按一下, 好吗？"という表現中の"帮"は, 受益者を導入する前置詞："给"の改まった形式といってもよい使われかたをしている。

上述の例文の構造は中国語の文法用語でいうところの"连动句"であるのか, あるいは, "帮"を前置詞と呼ぶかはどちらでもよい。しかし, このような"帮"の用法はこの語彙の理解には欠かせない。

以下は,「"帮"によって構成された動詞－目的語構造」を第一要素とする"连动句"の用例があがっているかどうかのチェックである。

	標準	プロ	朝日
帮	×	○ 帮妈妈做家务 / 请帮我们按一下,好吗?	△ (囲み記事中で) 我帮妈妈打扫房间

『朝日』は,当該項目の説明の中には該当する例文がないが,別立ての囲み記事(類義語の説明:帮,帮助,帮忙)の中であげられている。

1.3 名詞〜共起する動詞〜共起しうる前置詞

ここでは,以下のチェックを行う。

(a) ある名詞(例:电话)を引いたとき,それと頻繁に共起する動詞を見出せる例文(例:打电话)があげられているか。

(b) (a)の例文中に,その[動詞-名詞]の組み合わせと頻繁に共起する前置詞を見出せるか(例:给他打电话)。

これは過大な要求ではない。例えば,どの辞書も,"写信"では立項していない。であるからには,[信⇒写信⇒给〜写信]という順で情報が得られてしかるべきである。

	標準	プロ	朝日
电话	○ 打电话 / 挂上电话	◎ 打电话 / 接电话 / 挂电话 / 给小林打电话	○ 打电话 / 接电话 / 挂电话
信	○ 来了一封信 / 寄信 / 写信	○ 写信 / 寄信 / 信已经发了	○ 寄信
信号	○ 打信号 / 发信号	○ 发出信号	○ 发信号
伊妹儿	—	—	×
意见	○ 提意见	○ 提意见	○ 请大家发表意见
礼物	○ 送礼物	○ 赠送圣诞节礼物	×
招呼	○ 打招呼	◎ 跟他打招呼	◎ 跟他打招呼

玩笑	○ 开玩笑	○ 开玩笑	○ 开玩笑
关系	○ 没关系	◎ 我公司与该公司没有 业务关系／两者具有 密切关系	×
朋友	○ 交朋友	○ 结交朋友	？ （我和他是朋友）

※○：「共起する動詞」あり，◎：「共起する前置詞」あり

※『標準』『プロ』は，"伊妹儿"を収録していない。

※"关系"は，「関係」の意義だけをチェックした。"拉关系"は考慮外。

※"朋友"は，「友達」の意義だけをチェックした。

筆者が期待していた例文の一例を次にあげる。

电话	给他打电话
信	给他写信
信号	给他发出信号
伊妹儿	给他发伊妹儿
意见	给我提提意见
礼物	给他送礼物
招呼	跟他打招呼
玩笑	跟他开玩笑
关系	跟他没有关系
朋友	跟他交朋友（作朋友）

『プロ』はよく例文をあげているが，語彙の選択が入門者向けかどうか，疑問が残る（贈送，与，具有，结交）。『朝日』の"朋友"の例文

については，もっと優先すべき例文があるように思える。

1.4 同形の語の異なる語順

学習者は，次のような例にとまどう。

 a. 我不跟他<u>一起 / 一块儿</u>走。

 b. 我跟他住在<u>一起 / 一块儿</u>。

同形の語："一起 / 一块儿"が，片や動詞の前，片や動詞の後に使われているからである。以下では，この違いを語義のちがいとして提示しているか，そして語順のちがいを提示する例文をあげているかをチェックする。

		標準	プロ	朝日
一起	いっしょに	跟她一起去	我们一起学了四年中文 / 我不跟他一起走	我和她一起上街
	同じ場所	■この**語義なし**	他们俩上大学时一直在一起 / 我跟他住在一起	■この**語義なし**
一块儿	いっしょに	咱们一块儿走 / 跟妈妈一块儿去买东西	我俩儿每天一块儿上学 / 这两个问题最好一块儿研究	我跟她一块儿去旅行
	同じ場所	■この**語義なし**	他们俩住在一块儿 / 两个人说不到一块儿	他们在一块儿读书

『朝日』で，"一起"と"一块儿"の記述方針が一致していないのは解せない。因みに同辞書では，"一起"は最重要語であり，"一块儿"は重要語，次重要語にも入っていない。

1.5 文型に注意を要する動詞

1.5.1 二重目的語をとる動詞

ここでは，二重目的語をとる動詞について，その特徴を明示する例文をあげているかをチェックする。

	標準	プロ	朝日
给	☆「…に…を与える」のように2つの客語をとることができる．その場合の語順は「给＋人を表す名詞・代名詞＋物」となるのが普通である．给钱／你给他什么？／他给你什么了？／他给了我一只戒指	他给了我一张票 ［語法］二重目的語をとることができるが、間接目的語だけをとることはない．直接目的語は動詞や形容詞でもよいが、必ず数量詞を伴う．给了他两拳／给你一点儿厉害	姐姐给我一本书 ※「二重目的語文」に関する詳細な囲み記事あり
还	他还没还给我照相机／还钱	还小王自行车	×
送	姐姐送了我一枝钢笔	［語法］目的語を二つとることができる．また，その中の一方だけを目的語にとることもできる．"送给"あるいは"送……给……"の形で用いることもある．⇒送给 临别时大家互送照片留念／他送我一本书	这是我送给你的生日礼物／他送给我一本中日词典
找	找一块五	他找我两块钱	找你三块
教	她教我们汉语	［注意］目的語は人（「…に」）と事物（「…を」）の両方，またはどちらかいっぽうだけでもよい．她教小学生／教她滑雪	王老师教我们英语
问	问他那件事	▼質問の内容を表す目的語は主述句でもよい．小王问今天开不开会／不懂的地方可以去问老师／我问你一件事儿／老刘问你老陈去不去大连／李科长问你参加不参加会议	问他这件事／你问问他吧

告诉	请你告诉他，今天晚上要开会	有什么消息,告诉我一声／告诉她别等了／我告诉你,他是真爱你！	［注］話しかける相手となる人物を目的語にとり,二重目的語をとることができる.请你告诉我为什么？／这事可别告诉别人
叫	×	▼呼び名を表す.必ず二重目的語をとる.大家都叫他"眼镜儿"张	×

※"叫"は「ＡをＢと呼ぶ」という用法だけをチェックした。『標準』と『朝日』は，この用法を採っていない。

"给"は代表的な二重目的語動詞だと考えられているらしく，どの辞書も，ここで詳しい文法説明を展開している。『朝日』は，"给"と同ページに，見開きで，二重目的語構文全体に関する詳細な分類と説明の囲み記事を提供している。ただし，『朝日』は上掲の他の動詞のどれをとっても，この囲み記事への参照を指示していないのが解せないところである。

また，『標準』と『朝日』では，断りなく"Ｖ给"の形（前者の"还给"，後者の"送给"）を出しているが，このようなやり方は，得てして入門者をまごつかせるものである。

1.5.2 複雑な目的語をとる動詞

ここでは，以下の動詞を取りあげ，それぞれの文法的特徴を提示できる例文をあげているかをチェックする。

  开始   句目的語をとりうる

  喜欢   句目的語をとりうる

		希望	句目的語，節目的語をとりうる	
		標準	プロ	朝日
開始		杨树的叶子开始落了	开始上课	开始学习汉语
喜欢		我不喜欢这种人／大家都喜欢她／我喜欢听音乐 ☆最後の例は，日本語では「音楽が好きだ」となるが，中国語では「音楽を聞くのが…」と動詞を用いるのが普通である． 類例：喜欢看电影（映画〔を見るの〕が好きだ）．喜欢打乒乓球（卓球〔をするの〕が好きだ）．喜欢吃甜的（甘い物〔を食べるの〕が好きだ．	▲名詞（句）・動詞（句）・形容詞（句）・兼語の目的語をとることが多い．また"很"などの程度副詞で修飾できる． 我很喜欢历史／我不大喜欢打篮球 ［兼語の後にくる動詞（句）は原因を表す］ 大家都喜欢她肯努力工作	我喜欢他／我喜欢唱歌儿
希望		她希望在医院工作／我希望你好好地完成任务	▲動詞句や主述句を目的語にとることが多い．程度副詞を前にとることができる． 他希望将来当个外交家／我不希望他来／我很希望哥哥早点儿跟她结婚	希望去美国留学／希望儿子早点儿回家

どの辞書も，上掲のチェック項目をクリアしている。ここでの話題から外れるが，『プロ』は，"喜欢""希望"について，それぞれ，"很"を付した例をあげている。これも入門者にとって有益な措置だと思われる。

2 結び

この文章では，動詞および動詞＋目的語型複合語を中心に，どのような例文があげられているかを見てきた。その感想だが，「この動詞は，……の項を取り，……の前置詞を必要とする。全体として構成される文型は，……である。よって，それを具体例として提示する例文は，……を含む文であるべきだ」という統一的な方針は無いように感じられた。

《参考文献》

古川　裕　2000　「"跟"字的语义指向及其认知解释——起点指向和终点指向之间的认知转换」『语言教学与研究』，2000 年第 3 期（Vol.85）　pp.37-45.

中西千香 2004 「発話の対象を引き出す介詞(前置詞)について」『中国語教育』　第 2 号 pp.34-53.

中国語電子辞書機能比較

清原文代（大阪府立大学）

1. はじめに

2. 機種一覧

3. 中国語辞典

   3.1 収録されている辞書

   3.2 中日辞典の検索語入力

   3.3 声調の入力方法

   3.4 検索結果の表示

      3.4.1 検索結果リスト

      3.4.2 例文の表示

   3.5 逆引き・ワイルドカードを使った検索

   3.6 囲み記事

4. 中国語会話集

   4.1 収録されている会話集

   4.2 会話集の検索機能

   4.3 会話集の発音表記

5. 音声

6. 中国語以外の収録辞書

7. まとめ

8. その後の中国語電子辞書

    8.1 SR-V7130

    8.2 WordTank V80

    8.3 EBR-S8MS

9. 翻訳ウォーカー

    9.1 スタイラスペンによる操作

    9.2 翻訳ウォーカーの中日辞典

    9.3 例文検索

10. まとめにかえて——教室における電子辞書

1. はじめに

1997年にSONYからDD-CH10(現在は販売終了)が発売されて以来,しばらく音沙汰がなかった中国語電子辞書が去年今年と相継いで4つのメーカーから発売された。

CASIOのXD-7300とセイコーインスツルメンツ(以下SII)のSR-T5030については,前号で田邉鉄氏がレビューを書いておられる[1]。本稿で

---

1) 田邉鉄「学術リソースレビュー　電子辞書2機種」『漢字文献情報処理研究』第4号, 2003年

はその後発売された Canon と SHARP のものを加えてレビューをお届けする。

2. 機種一覧

2004 年 7 月現在で各メーカーの発売中，または発売予定の機種は以下の通りである。

メーカー名	機種名
CASIO[2]	XD-H7300・XD-H7310 XD-L7350・XD-L7360 XD-M730
Canon[3]	Wordtank V70
SHARP[4]	PW-A8500
SII[5]	SR-T5030 ST-T7030

(配列はメーカー名の五十音順)

1 つのメーカーに複数の機種がある場合でも，機種の違いは基本的には音声の有無や中国語以外の収録辞書の相違を表している。本稿では筆者が所有する各メーカー1機種ずつを中心に項目別に比較していく。

■ 本稿で主にレビューする機種

― XD-H7310（CASIO）

― Wordtank V70（Canon）

---

2) http://www.casio.co.jp/exword/
3) http://cweb.canon.jp/wordtank/index.html
4) http://www.sharp.co.jp/e-dic/index.html
5) http://www.sii.co.jp/cp/index.html

— PW-A8500（SHARP）

— SR-T5030（SII）

3. 中国語辞典

3.1 収録されている辞書

搭載されている中国語辞典についてはほとんどバリエーションがないと言ってよい。4機種とも小学館の『中日辞典』『日中辞典』の初版を搭載している。唯一 PW-A8500 だけが小学館の辞書に加えて，朝日出版社の『はじめての中国語学習辞典』を収録している。

小学館の辞書は初版が出版されてからすでに 10 年以上が経過しており，現在は第 2 版になっている。電子辞書の方も第 2 版の搭載が望まれる。また，英語の電子辞書の場合は複数辞書の搭載はごく普通のことであり，中国語の電子辞書においても今後辞書の種類が増えることを期待する。

3.2 中日辞典の検索語入力

4 機種とも拼音・日本語読み（単漢字）・部首や画数による検索語の入力をサポートしているが，それぞれ操作方法に相違があり，同じ小学館の辞書であっても使い勝手がかなり異なる。

■XD-H7310

『中日辞典』の初期画面は検索語入力方法の一覧で，そこから使いたいものを選び，決定ボタンを押して入力画面に入る。検索に入る前に必ず入力方法の一覧画面を経なければならないのは些か面倒である。

■Wordtank V70

初期画面は拼音入力、他の検索法は検索法ボタンを押して表示させる。

この機種の最大の特徴は付属スタイラスペンによる簡体字の手書き入力ができることである。認識できるのは 8,651 字。

高校で漢和辞典を引く機会が減っているのか、中級上級になって教材から拼音がなくなると、部首引きができないため途方にくれる学生がいるが、手書き入力であれば、それが良いことかどうかは別として、漢字の構造に対する知識がなくとも、とにかく簡体字が書ければ検索することができる。

■PW-A8500

小学館『中日辞典』の初期画面では拼音と日本語読みの入力欄が表示される。部首や画数入力画面に行くにはカーソルを移動させて決定ボタンを押す必要がある。なおこの機種だけが「熟語検索」を使って単漢字ではなく単語単位の日本語読み入力と部首引き[6]が可能である。

朝日出版社『はじめての中国語学習辞典』は拼音検索のみ。

全辞書検索を使うと、小学館『中日辞典』と朝日出版社『はじめての中国語学習辞典』の拼音による串刺し検索が可能。

■SR-T5030

初期画面で拼音・日本語読み・部首読み・部首画数・総画数の入力欄

---

6) 1～3 字まで入力可能。前方一致検索。

が示される。一番単純で且つ使いやすく感じる。

3.3 声調の入力方法

4機種とも拼音入力の際に声調符号はなくてもよいが，声調を入力することもWordtank V70以外は可能で，その方法は三者三様である。

■XD-H7310

アルファベット＋声調を表す数字。

  例）hǎo ＝ hao シフト3

これが一番速い入力法である。

■Wordtank V70

声調の入力はできない。

■PW-A8500

声調符号をつける母音を複数回打つ。

  例） aを1回タイプすると→ a

    aを2回タイプすると→ ā

    aを3回タイプすると→ á

    aを4回タイプすると→ ǎ

    aを5回タイプすると→ à

声調を入力しようとすると打鍵回数が多くなるのが面倒である。例えば hǎo を入力しようとすると，h aaaa o と打鍵しなければならない。

■SR-T5030

キーボードに四声キーがあって，そのキーを押す度に 1 声→2 声→3 声→4 声と表示が変わっていく。専用キーがあるため声調入力の方法が直感的にわかりやすい。

　　例）hǎo ＝ h a　四声キーを 3 回打鍵　o

ただ問題は上記の例からもわかるように PW-A8500 と同様に打鍵回数が多くなることと，声調符号を付ける母音のすぐ後に四声キーを押さなければならないことだ。例えば"好"を検索しようとして，ついうっかり hao と入力した後に四声キーを 3 回打鍵してしまうと，画面には haǒ というありえない拼音が表示されてしまう。声調符号をつける母音を選ぶ規則はさして難しいものではない。機械に判断させてしまえないものだろうか。

3.4 検索結果の表示

一覧性については，電子辞書は紙の辞書にどうしてもかなわない。とはいえ小さな液晶画面の中にいかに多くの情報を見やすく表示するか各社工夫している。

3.4.1 検索結果リスト

XD-H7310 と SR-T5030 が画面分割式を採用し，上段の画面にリスト，下段の画面にカーソル位置の本文の冒頭部分が示される。基本的な意味をぱっと見たい時には便利だ。

3.4.2 例文の表示

例文の表示について以下の二つの方法があり，それぞれ一長一短である。

 A: 意味と例文が同時に表示される。

 B: 例文は表示されず，意味だけが表示される。例文を見るにはボタンを押して表示させる。

PW-A8500 と SR-T5030 は A 式，XD-H7310 と WordtankV70 は B 式[7]である。

A式では，意味項目の多い単語だと何度も画面をスクロールさせていかなければならない。スクロールしているうちに最初に何が書いてあったかわからなくなる学生もいるであろう。

それに対してB式は単語がどんな意味を持っているかを概観することができ，一覧性においてA式に優るが，それと引き替えに例文を見るために新たに別のボタンを押すという手順が1つ増える。これが学生の学習にどう影響するのか，私の担当するクラスでは中国語電子辞書を持っている学生がまだ少なく，今のところ何とも言えない。電子辞書に対する批判の1つに学生が例文を読まなくなるという意見があるが，私の経験では紙の辞書でも電子辞書でも例文を読まない学生は読まない。紙の辞書であれ電子辞書であれ例文を読むことの必要性を根気よく指導するしかないと考えている。

---

[7] XD-H7310 には用例・解説ボタンがあるが，WordtankV70 は辞書本文を表示後，もう一度訳・決定ボタンを押すと例文が表示される。表示方法が直感的でなく，正直言って取扱説明書を見るまでわからなかった。

3.5 逆引き・ワイルドカードを使った検索

いずれの機種も操作方法は異なるものの,『中日辞典』の逆引きやワイルドカードを使った検索が可能である。これらの機能は拼音をうろおぼえの時やディクテーションで単語の一部しか聞き取れなかった時などに大いに力を発揮する。

XD-H7310 では逆引きのための専用入力欄を設け,拼音入力欄でもワイルドカードを使った検索が可能だ。他の3機種は逆引き専用の入力欄は設けていないが,拼音入力欄でワイルドカードを使った検索ができ,＊(任意の1文字以上にマッチ)を使って逆引きをすることも可能だ[8]。

しかし大きな問題がある。これらの検索が漢字単位ではなく拼音のアルファベット単位なのだ。例えば hao で終わる単語を検索するために逆引きすると zhao chao shao で終わる単語もリストアップされてきてしまう。

ワイルドカードによる検索も同様で,？(任意の1文字にマッチ)は拼音のアルファベットの1文字を指し,漢字1文字を指定することができず,中国語検索においては実質的にあまり役に立たない。＊(任意の1文字以上にマッチ)[9]も,拼音のアルファベット単位である。

多彩な検索方法を提供できることは電子辞書の強みで,ワイルドカードを使った検索などはその最たるものである。しかし中国語の検索においては現時点ではその特徴を生かし切っていない。拼音のアルファベット単位だけではなく,漢字単位のワイルドカード検索ができるよ

---

8) 例えば"心"で終わる単語を検索するのであれば,「＊xīn」と入力する。
9) XD-H7310 と PW-A8500 では「＊」ではなく「〜」を使用。

うに改善を強く希望する。

3.6 囲み記事

小学館の辞書の特長の 1 つは囲み記事が充実していることである。4 機種とも囲み記事を収録しているが，表示のさせ方はかなり異なる。

■XD-H7310

囲み記事の項目一覧は無し。

辞書本文では囲み記事は「囲み」「文法」と表示され，ジャンプ機能を使って表示させる。ジャンプ機能を使うため当該の箇所までカーソルを移動させた上で決定ボタンを押す必要がある。

用例を表示している時には，画面に「囲み」の表示が見えていても，一旦用例表示モードを解除してからでないと囲み記事を表示させることができない点が不便。

■Wordtank V70

シフト＋中日ボタンで『中日辞典』『日中辞典』の囲み記事と世界の人名・地名[10]の項目一覧を表示させることができる。

辞書本文中では，囲み記事は「囲み」「文法」と表示され，ジャンプ機能を使って表示する。当該の箇所までカーソルを移動させ，決定ボ

---

10) 小学館『中日辞典』の付録のうち，歴代王朝年表・中国語音節表・中国標準字形照合表を除いた部分を全て収録している。他の3機種は付録を収録していない。

タンを押す必要がある。

■PW-A8500

『中日辞典』『日中辞典』のそれぞれの初期画面から囲み記事の項目一覧に行くことができる。

辞書本文中では，囲み記事は「解説」と表示され，解説ボタンを押し，更に決定ボタンを押して表示させる。画面上に「解説」が1つしかなくとも，決定ボタンを押す必要があるのは少し面倒だ。

■SR-T5030

囲み記事の項目一覧は無し。

辞書本文中では囲み記事は「囲み」と表示され，例文・解説ボタンを押すと，画面が2分割され，囲み記事の冒頭数行が下段画面に表示される。決定ボタンを押すと囲み記事の全文が表示される。4機種の中では一番使いやすいと感じる。

4. 中国語会話集

4.1 収録されている会話集

XD-H7310	ひとり歩きの中国語自由自在（JTB）
WordtankV70	ひとり歩きの中国語自由自在[11]（JTB）

---

11) XD-H7310 と WordtankV70 は同じ会話集を収録するが，XD-H7310 は基本表現と場面別会話のみ，WordtankV70 はそれに加えて辞書・資料編とコラム集を含む。

PW-A8500	らくらく旅の中国語（三修社）
SR-T5030	中国語会話とっさのひとこと辞典[12]（DHC）

4.2 会話集の検索機能

XD-H7310 と WordtankV70 は場面別の項目一覧をたどっていく形式。キーワードによる検索はできない。

PW-A8500 は場面別項目一覧の他に，日本語キーワードによる検索ができる。

SR-T5030 は場面別項目一覧に加えて，検索機能が充実しており，日本語検索・中国語検索[13]・日本語キーワードによる検索・中国語キーワードによる検索ができる。元になった書籍にも日本語索引・中国語索引があるが，SR-T5030 では日本語検索・中国語検索においてそれぞれ複数の単語による and 検索が可能で，電子辞書の特長を生かしていると言える。

4.3 会話集の発音表記

XD-H7310 は拼音及び声調符号を付けたカタカナ，WordtankV70 は声調符号を付けたカタカナのみ。PW-A8500 はカタカナのみ（声調符号無し），SR-T5030 は拼音及びカタカナ（声調符号無し）。

4 機種ともカタカナによる発音表記を採用しており，抵抗を感じる教員も多いであろうが，元になっている書籍が教室での利用を想定したものではなく，簡便に会話文の発音を紹介するという点でやむを得な

---

12) 基本表現 300 には広東語・台湾語も含む。
13) 中国語による検索はいずれも拼音による検索。

いのであろう。しかし，教育的観点から見れば，必ず拼音を併記して欲しい。

XD-H7310 と WordtankV70 は同じ『ひとり歩きの中国語自由自在』を収録するが，上記のように XD-H7310 は拼音を併記し，WordtankV70 はカタカナのみである。XD-H7310 の取扱説明書によれば，原著には拼音はなく CASIO が独自に追加したものであるという[14]。中国語に限らず電子辞書に収録されている辞書は紙の辞書をそのまま電子化したものが大半という状況下で，会話集とはいえわざわざ原著に存在しない拼音を追加したことは，学習者への配慮及び電子辞書独自のコンテンツという点で注目すべきである。隴を得て蜀を望む，設定によってカタカナ表記を消すことができれば更に良いと思う。

5. 音声

紙の辞書にはできない電子辞書ならではの機能に音声がある。拼音字母と実際の発音の関係がしっかり定着していない初級レベルの学習者にとって非常にありがたい機能である。

中国語音声を収録しているのは，XD-L7350・XD-L7360・Wordtank V70 の 3 機種である。

XD-H7350・XD-L7360 は，中日辞典については親字約 13,000 字・熟語約 1,300 語，会話集は例文約 2,300 の音声を収める。中日辞典も会話集もネイティブスピーカーの発音を録音したものである。

---

14) 取扱説明書 158 ページ。XD-H7310 に収録されている『ひとり歩きの中国語自由自在』（2001 年）は未見だが，同書 2004 年版では確かに声調符号付きカタカナ表記のみで拼音はない。

Wordtank V70 は，会話集はネイティブスピーカーの発音を録音したものだが，中日辞典の親字と熟語の発音はソフトウェアによる合成である。そのため XD-H7350・XD-L7360 とは異なり，中日辞典の見出し語全ての発音を聞くことができるのだが，一方で問題点もある。音声を合成するため 2 音節以上の単語は音節と音節の間に一瞬の間が空くことがある。また，"不"と"一"の声調変化には対応しているが，3 声＋3 声の声調変化や半 3 声，儿化には未対応である。声調変化や儿化については取扱説明書に記述があるものの，発音の仕方が実際のものと異なっていることは初級レベルの学習者によけいな混乱を招くことになりかねない。

6. 中国語以外の収録辞書

	英語系
XD-H7310	ジーニアス英和辞典 ジーニアス和英辞典 英語類語辞典 ロングマン現代アメリカ英語辞典 英文手紙用例事典 ビジネス英語自遊自在 英会話とっさのひとこと辞典
WordtankV70	ジーニアス英和辞典 ジーニアス和英辞典
PW-A8500	ジーニアス英和辞典 ジーニアス和英辞典 英語類語使い分け辞典 オックスフォード現代英英辞典 英文ビジネスレター事典 英会話 Make it! 基本表現編 英会話 Make it! 場面攻略編
SR-T5030	ジーニアス英和大辞典 ジーニアス和英辞典 オックスフォード現代英英辞典 コンサイスオックスフォード類語辞典 英会話とっさのひとこと辞典

	日本語系
XD-H7310[15]	広辞苑・逆引き広辞苑 漢字源 JIS 版 言いえて妙なことば選び辞典 四字熟語辞典 故事ことわざ辞典 カタカナ語新辞典
WordtankV70	無し
PW-A8500	広辞苑・逆引き広辞苑 漢字源 JIS 版
SR-T5030	広辞苑・逆引き広辞苑 漢字源 JIS 版 パーソナルカタカナ語辞典
	その他
XD-H7310	マイペディア 家庭の医学 日経パソコン用語事典
WordtankV70	無し
PW-A8500	無し
SR-T5030	無し

7. まとめ

4機種のうち大学生向けに1機種推薦するとすれば，前号で田邉鉄氏も述べておられたようにやはり SR-T5030（SII）であろう。4機種の中では操作方法が比較的わかりやすく，英語辞書も充実している。しかしこれは総合的に見ればということであって，すでに述べてきたように SR-T5030 に問題点がないわけではけっしてない。まさしく一長一短であって電子辞書のどの機能に重きを置くのかによって選択は自ずと異なってくる。液晶は広くて見やすい PW-A8500（SHARP）が良

---

15) CASIO のニュースリリースによれば 7300 と 7350 は学生向け，7310 と 7360 は会社員向けだそうである。7310・7360 は，7300・7350 に比べて英語系の辞書が減らされ，日本語系の辞書や百科事典（『マイペディア』）などが加えられている。
http://www.casio.co.jp/release/2004/xd_h7310_l7360.html
http://www.casio.co.jp/release/2004/exword.html

いし、キーボードはキートップが大きくて打ちやすい SR-T5030（SII）が良い。中日辞典については 2 冊を搭載する PW-A8500（SHARP）。声調の入力は XD シリーズ（CASIO）方式が速い。音声付きが欲しければ XD-L シリーズ（CASIO），簡体字手書き入力が必要なら Wordtank V70（Canon）だ。

昨今のメーカーの発売状況を見ると、中国語電子辞書はもはや珍しい変わり種ではなく、電子辞書のラインアップに定着したと思われる。機種を選べる時代にようやくなってきつつあるのだ。しかし英語と比べまだまだ収録される辞書のバリエーションが少なく、入力方法や検索方法にも改善の余地が大いにある。今後の充実に期待したい。

以上は漢字文献情報処理研究会編『漢字文献情報処理研究』第 5 号（好文出版，2004 年）に掲載されたものを，同研究会の許可を得て転載したものである。

8. その後の中国語電子辞書

『漢字文献情報処理研究』第 5 号の出版後にまた新たな中国語電子辞書が発売済みまたは発売予定である。

メーカー	機種名
Canon	WordTank V80
SII	SR-V7130
SONY[16]	EBR-S8MS，EBR-S800MS

---

16) http://www.sony.jp/products/Consumer/DD/index.html

8.1 SR-V7130

私は未入手であるが，SII の Web ページ[17]によれば，SR-V7130 は従来の機種に中国語音声を加えたもののようである。

8.2 WordTank V80[18]

WordTank V80 は先に紹介した V70 に比べていくつか重要な変更がある。

V70 は中国語系と英語系の辞書のみで日本語系の辞書がなかったが，V80 には国語辞典（『スーパー大辞林』）や漢和辞典（『改訂新版 漢字源』），その他『故事ことわざ辞典』『四字熟語辞典』が収録され，更に英語系も従来の英和と和英に英英辞典（『オックスフォード現代英英辞典 第6版』）が加わった。中国語について言えば，中日辞典と日中辞典は相変わらず小学館の初版であるが，新たに『オックスフォード英中／中英辞典 第 2 版』が搭載された。日本で発売されている中国語電子辞書のうち，現時点では中英・英中辞典が引ける唯一の機種ということになる。中国語会話集は JTB の『ひとり歩きの中国語自由自在』から DHC の『中国語会話とっさのひとこと辞典』に変更されている[19]。会話集は場面別の目次以外に日本語と中国語のキーワードを使った検索ができる。

中日辞典の拼音入力では四声キーを使った声調の入力が可能になったが，この V80 も四声キー方式を採用する SR-T5030 と同様に，声調符

---

17) http://www.sii.co.jp/cp/products/otherlang/srv7130/index.html
18) http://cweb.canon.jp/wordtank/language/v80/index.html
19) 会話の見出し文2,000についてネイティブスピーカーの音声がついている。発音の表記はカタカナと拼音字母。

号を付ける母音の直後に声調キーを押さなければならない。ワイルドカードを使った検索はやはり拼音字母のアルファベット単位であり，漢字単位のワイルドカード検索はできない。

V70の特長であったスタイラスペンによる中国語簡体字手書き入力はV80でも引き続き搭載されており，V80ではそれに加えて繁体字・日本漢字・ひらがな・カタカナ・アルファベット・数字の手書き入力もできるようになった。手書き入力がとりわけ威力を発揮するのは漢字検索であり，中日辞典において簡体字と繁体字が，漢和辞典においては日本漢字と繁体字が手書き入力できることは，部首引きの苦手な学生にとって大きな福音であろう。

V70の中日辞典の音声はソフトウェア合成によるもので，儿化など日本語を母語とする初級者が特に苦手とするものに対応していなかった。音声は紙の辞書にはない電子辞書の特長であるが，拼音字母と音声の関係がしっかり身に付いた中上級者にとっては実はあまり必要なものではなく，初級者にとってこそ必要なものである。V70は初級者に正確な発音を提供するという点で不十分であったが，V80では中日辞典の全見出し語についてネイティブスピーカーの発音を録音したものに変更されている。また今回新たに録音機能（最長1分間）を搭載し，自分の発音とネイティブスピーカーの発音を比較することもできるようになった。

インターフェイス面でも大きな改善が見られる。V70と同様に訳・決定ボタンを押すことによって例文を表示するが，V80には訳・決定ボタンの上に例文展開という表示がついて操作がわかりやすくなった。手書き入力については，V70は検索法ボタンを押して手書き入力モードに入らなければならなかったが，V80では中日辞典と漢和辞典に関しては初期画面に手書き入力用の枠があってすぐに漢字の手書き入力

を行なうことができ，検索モードを切り替える手間がなくなった（但し国語辞典と英語辞典は手書き入力モードに切り替える操作が必要）。また，一つの単語を引くと，画面右端に同じ語を掲載している辞書のアイコンが示され，スタイラスペンでタップするとすぐに他の辞書の当該語の部分にジャンプすることができる。例えば中日辞典で引いた単語をすぐに中英辞典で引き直すといったことが可能である。

先代のV70は率直に言えば他機種に比べて中国語手書き入力以外のアドバンテージはなかったが，大幅な機能強化をはかったV80は，その分電子辞書としては些か重め（280グラム）で，価格も高めなところが気になるが，中日辞典と漢和辞典での筆順のアニメーション表示（中日辞典3,500字，漢和辞典2,230字）と筆順テスト機能，日本人の代表的な姓名の中国語発音を聞けるといった独自コンテンツもあり，意欲的な製品に仕上がっていると言える。

8.3. EBR-S8MS[20]

久しぶりに出たSONYによる中国電子辞書ということで早速購入したが，なんと言ってもその小ささと収録辞書の言語種の多さに驚かされる[21]。

大きさは名刺ケース大，重さは付属メモリースティックROMと乾電池を入れた状態でも100グラムほど，従来の中国語電子辞書の約半分程度しかない。その分キーボードは小さく，指の腹を使ってタイプすることはできず，指の先でつつくような感じになる。

---

20) http://www.sony.jp/products/Consumer/DD/EBRS8MS/index.html
21) マルチ検索の国語部分では広辞苑などの日本語系辞書やマイペディア（百科事典）の見出し語に加えて，和英・日中・日韓英・仏和・独和・西和・日伊英の見出し語をかなによって検索することができる。例えば「たべる」と入力すると各言語の食べるを意味する単語がずらりと並び壮観である。

収録されている言語は本体内蔵のものと付属のメモリースティックROMに入っているものを合わせると8言語，大学の教養科目として教えられている外国語のほとんどをカバーする。

日本語系	広辞苑・逆引き広辞苑 漢字字典 カタカナ新語辞典 故事ことわざ辞典 四字熟語辞典
英語系	ジーニアス英和辞典 ジーニアス和英辞典 オックスフォード現代英英辞典 カタカナ発音英単語検索辞典 英会話とっさのひとこと辞典 ペラペラ・英米旅行会話
中国語系	中日辞典 日中辞典 中国旅行・ビジネス会話 ペラペラ・北京旅行会話 ペラペラ・広東旅行会話
韓国語系	デイリー日韓英・韓日英辞典 ペラペラ・韓国旅行会話
ドイツ語系	クラウン独和辞典／小和独 ペラペラ・ドイツ旅行会話
フランス語系	クラウン仏和辞典／小和仏 ペラペラ・フランス旅行会話
イタリア語系	デイリー日伊英・伊日英辞典 ペラペラ・イタリア旅行会話
スペイン語系	プログレッシブスペイン語辞典(小和西付き) ペラペラ・スペイン旅行会話
その他	マイペディア 世界の料理・メニュー辞典（8カ国編[22]）

中日辞典・日中辞典についてはこの機種も相変わらず小学館の初版である。中日辞典の検索方法は拼音・日本語読み・部首・画数である。拼音による検索ではワイルドカードを使うことができるが，この機種

---

[22] フランスの料理・イタリアの料理・スペインの料理・ドイツの料理・イギリスの料理・アメリカの料理・中国の料理・韓国の料理

もワイルドカードは拼音のアルファベット単位であり，漢字単位のワイルドカード検索はできない。

拼音の声調符号は SR-T5030 や Wordtank V80 と同様に専用の声調キーを使うタイプであるが，これまた声調符号を付ける母音のすぐ後に声調キーを押さねばならない。声調符号を付ける位置さえよく把握していない本当の意味での初心者は教科書を見て一々声調符号の位置を確認しない限り正しく入力できないであろうし，声調符号をつける位置を把握している人間でも常に意識していないとうっかり打ち間違えることがある。声調キー方式を採用するのであれば，現在のように声調符号を付ける母音のすぐ後に入力する方法以外に，音節を全て入力し終わった後に声調キーを押しても検索できるようにすべきである。また声調キー方式は前述したよう打鍵回数が多くなり，慣れた人間にとっては煩わしい。XD-H7310 のようにアルファベット＋声調を表す数字という形の入力も可能になるとありがたい。

例文は語釈とともに表示される。液晶画面とキーボードをつなぐヒンジ部分には SONY お得意のジョグダイヤル[23]がついていて画面のスクロールを助けてはいるものの，それでもこの小さな液晶画面[24]で例文や解説まで一気に表示してしまうのが果たして良いことなのか些か疑問が残る。この機種ではまず語釈だけを表示し，用例ボタンを押して

---

23) ジョグダイヤルを回すことにより画面のスクロールを行ない，ジョグダイヤルダイヤルを押し込めば決定を表す。ジョグダイヤルの幅は約7ミリと小さく，ヒンジに埋もれるような形になっているので，慣れるまで使いにくく感じるかもしれない。
24) EBR-S8SMS の液晶画面は約4センチ×8センチ。一番液晶画面の大きなPW-A8500 は約8センチ×11センチである。標準の文字の大きさで1画面に表示できる量を比べてみると，EBR-S8SMS は PW-A8500 のおよそ6割ほどである。液晶画面の大きさからすると EBR-S8SMS は健闘しているようにも思えるが，これは PW-A8500 が書籍版で改行していないところに改行を入れて比較的ゆったりとした表示を行なっているためである。

例文や解説を表示させる方式の方が良かったのではないか。或いは例文を同時に表示する方式を採るのであれば，初級者向けで記述が簡潔な『はじめての中国語学習辞典』を収録するという手もあったのではないだろうか。

なお，コラムについては，中日・日中辞典の初期画面から目次を選べば一覧を見ることができる。また辞書の本文でもコラムへの参照マークが付いており，参照マークがあらかじめ選択された状態で表示されるため，決定ボタンかジョグダイヤルを押すだけでコラムへジャンプできて便利である。

中国語会話集としては，『中国旅行・ビジネス会話』と『ペラペラ・北京旅行会話』『ペラペラ・広東旅行会話』という 3 種類の中国語会話集が収録されている。『中国旅行・ビジネス会話』は本体に内蔵されているため，中日・日中辞典の初期画面から選択することができるが，『ペラペラ・北京旅行会話』『ペラペラ・広東旅行会話』は付属メモリースティックに入っているため，辞書選択ボタンを押して辞書の一覧を表示させ，そこから選ぶことになる。

『中国旅行・ビジネス会話』は小学館監修のもので書籍版はなく，約 330 の例文を収める。場面別の目次をたどる形式で，単語やキーワードによる検索はできない。発音の表記は拼音字母である。『ペラペラ・北京旅行会話』『ペラペラ・広東旅行会話』は三修社監修のもので書籍版はなく，それぞれ約 800 の例文を収める。これも場面別の目次をたどる形式で，単語やキーワードによる検索はできない。一つの文が使われる場面が一つとは限らない以上，場面別の分類には「なぜこの文があそこに入っていて，ここにはないのだ？」ということが常にありうる。会話集の実用性を高めるためには，日本語や中国語のキーワードによる検索機能がぜひとも必要である。

『ペラペラ・○○旅行会話』シリーズは同一の内容を各言語に展開しているようで，どの言語のものも日本語とそれに対応する英語があり，次に当該言語とカタカナ発音という形式になっている。但しヨーロッパ言語の場合は上記の形式で一度に全て表示されるのに対して，アジア言語はまず日本語と英語のみが表示され，更に決定ボタンまたはジョグダイヤルを押すことによって当該言語とそのカタカナ発音を表示させる形式である。何らかの技術的要因があるのかもしれないが，一々ボタンやジョグダイヤルを押すのは煩わしく，ヨーロッパ言語と同様に一気に表示する形式を採用して欲しかった。

EBR-S8MS は小ささ故に犠牲になる操作性もあるが，それを承知しているのであれば，胸ポケットに入れても違和感がなく，お守りのように常に身につけて持ち歩くことができ、携帯性という点に重きを置くのであれば，EBR-S8MS は現時点では最良の選択肢と言えるであろう[25]。

9. 翻訳ウォーカー

これまで紹介したものはいずれも IC 電子辞書であったが，次に紹介する高電社の「翻訳ウォーカー j・北京 V2 ＋ 小学館 日中・中日辞典」（以下翻訳ウォーカー）[26]は Microsoft Pocket PC 2002・Windows

---

25) この EBR-S8MS の後継機種として，中国語や英語の発音が聞ける EBR-S800MS の発売が 2005 年 3 月 5 日に予定されているが，音声機能を搭載したためか，大きさは葉書大，重さは約 200 グラムと EBR-S8MS の倍になっている。
http://www.sony.jp/products/Consumer/DD/EBR800MS/index.html
なお，上記 Web ページによれば，この EBR800MS はメモリースティックに保存したテキストデータの閲覧や音声ファイル（MP3）の再生が可能であり，更にパソコンを使って辞書データを自作できる辞書工房というソフトウェアが付属するという。
26) http://www.kodensha.jp/wai2/pdamt/jpekin/tw_pekin.html

Mobile 2003 及び 2003 Second Edition を搭載した PDA に SD メモリーカードを入れて使うタイプの製品である。PDA は別売で，高電社の Web ページに動作確認機種一覧[27]がある。

9.1 スタイラスペンによる操作

PDA の場合は今まで紹介してきた電子辞書と異なり，キーボードがなく全ての操作をスタイラスペンで行なうことになる[28]。私は普段パソコンのキーボードに慣れているため，スタイラスペンによる操作に少々懐疑的なところがあったのだが，使ってみると存外快適であった。特にそれを感じたのはジャンプ機能を利用する際である。辞書を引いてみたら例文にわからない単語が出てきてまた辞書を引くということはよくあることであるが，そういう時に電子辞書のジャンプ機能が役に立つ。ジャンプ機能の使い方は機種によって異なるが，ジャンプボタンを押して一旦モードを切り替えた上で，表示されている画面の中の調べたい単語までカーソルを動かして選ぶという 2 段階の操作が必要になることが一般的である。翻訳ウォーカーでは調べたいと思った単語をスタイラスペンでタップするだけで次々と辞書を引いていくことができ，その操作は直感的で使いやすい。更に言えば，履歴タブで今まで調べてきた単語をたどれるようになってはいるが，Web ブラウザのように「戻る」「進む」のアイコンが用意されていれば，より使いやすくなると思われる。

---

27) http://www.kodensha.jp/wai2/pdamt/model.html
28) 下文で言及しているスタイラスペンによるジャンプ機能の使い良さについては、Wordtank V80 にも共通することである。ただ V80 はスタイラスペンとキーボードを併用することを前提として設計されており、操作によってはスタイラスペンよりキーボードを使う方がずっと速くて効率的なことがある。そういう時にはペンから一旦指先を離してキーボードを打ってからまたペンを持つことになり、翻訳ウォーカーのように一貫してペンだけで操作ということにはならない。

9.2 翻訳ウォーカーの中日辞典

この製品は中国語←→日本語の機械翻訳＋ソフトウェアによる中国語読み上げ機能＋電子辞書から構成されている。本稿のテーマは電子辞書であるので，以下電子辞書の部分についてのみ検討することとする。

収録されている小学館の中日・日中辞典はやはり初版である。中日辞典に関しては，全ての字をチェックしたわけではないが，どうやら紙の辞書の見出し語の全てが収められているわけではなく，中華人民共和国の文字コードである GB2312 コードからはずれている文字は入ってないようである。またコラムも収録されていない。製品名が表すように機能としては翻訳が中心であり，電子辞書は付加機能と言うべきなのかもしれない。

中日辞典における検索語の入力は拼音字母・注音字母・手書き入力（簡体字・繁体字）が可能である。但し残念ながらワイルドカード検索には対応していない。拼音字母・注音字母を入力する場合は画面にキーボードが表示され，それをスタイラスペンでタップして入力するのであるが，拼音字母用のキーボードは単なるアルファベットキーボードではなく，声母・韻母ごとのキーボードになっており，声母を入力すれば，その次に続くことがありえない韻母はグレイアウトし，入力速度の向上を助けている。

また初期設定ではオフになっているが，オプションで曖昧発音入力をサポートしている。曖昧発音とは間違えやすい複数の発音を同一のものと見なして検索するもので，例えば an を入力した場合には，an と ang を検索するといったものである。対応している曖昧発音は以下の通りで，項目ごとにオンとオフを切り替えられる。

an - ang

en - eng

in - ing

un - ong

zh, ch, sh - z, c, s

l - y

l - n

　この曖昧発音入力は拼音付きの教科書を見ながら入力する初級者には必要ないのかもしれないが，自分で拼音を調べなければならない機会が増える中級者以上にとってはありがたい機能であり，紙の辞書にはできない電子辞書ならではの機能の一つである。他の電子辞書にも搭載されることを望む。ただ惜しいことに翻訳ウォーカーの曖昧発音の設定項目は必ずしも日本語を母語とする学習者の弱点に完全に沿ったものとはいえない[29]。恐らく中国の方言話者を想定したものではないかと思われる。

---

29) 私自身の学習経験及び教育経験から考えると，日本語を母語とする学習者にとっては必要な曖昧発音は以下のようなものであろう。
b, d, g, j, zh, z – p, t, k, q, ch, c
〜n –〜ng
zh, ch, sh – j, q, x – z, c, s
r – l
he – hu
fu – hu
ji, qi, xi – ju, qu, xu
yi, ni, li – yu, nü, lü
zi – zu – ze
ci – cu – ce
si – su – se
ou – uo
wu – wo

なお，ソフトウェアによる中国語読み上げ機能を備えているので，中日辞典の見出し語だけでなく，例文の中国語音声を聞くこともできる。

9.3 例文検索

翻訳ウォーカーの電子辞書で特筆すべきことは何と言っても中日辞典・日中辞典とも例文の全文検索を実現していることである。例文検索では and 検索も可能である[30]。インターネットやパソコンの発達によって以前に比べれば用例の採集は随分楽になったものの，教育現場ですぐに使えるような規範的な例文を探すにはやはり辞書が良い。これまで紹介してきた中国語電子辞書はどれも見出し語の検索のみで，全文検索機能を持っていなかった。翻訳ウォーカーのこの例文検索は特に中国語を教える教員にとって非常に有用な機能である。

最初に述べたように翻訳ウォーカーは別売の PDA が必要であり，費用の面から言えば，翻訳ウォーカーだけでなく PDA 本来の機能であるスケジュール管理やアドレス帳を使いこなすのでなければ割が合わない。したがって定収入を持たない学生には勧めにくく，対象は自然と中国とのビジネスに携わる会社員及び中国語の研究者や教員ということになろう。中国語教員という立場から見れば，この全文検索機能は PDA 上で使わなければならないという必然性は感じられない。それよりはぜひワイルドカードや正規表現を使った検索機能も加えた上で，パソコンのハードディスクに格納する形の中国語電子辞書として製品化してほしい。

---

30) 例えば，"一" スペース "就" と入力すれば，"一" と "就" を含む用例が全て検索されてくる。

10. まとめにかえて
——教室における電子辞書

電子辞書に対して例文を読まなくなるから良くないという批判がある。果たして電子辞書は教育現場にとって「害悪」なのだろうか？

紙の辞書では初級者向けの辞書というカテゴリーがある。学習を始めたばかりの初級者にとっては中級者以上向けの辞書では情報量が多すぎて往々にして辞書の中で「迷子」になってしまうから，収録語彙や解説を基本的なものにしぼり，値段も比較的安価で入手しやすい初級者向けの辞書には確かに存在意義がある。では学習者，特に初級〜中級の学習者にとっての電子辞書はどうなのであろうか？

ページを開けた時に一目で多くの情報を見渡せるという点では電子辞書は到底紙の辞書にはかなわない。いずれの電子辞書にも中級者以上向けの小学館の中日辞典が収録されているものの，液晶画面という小さな「窓」を通じて読むことによって，その使い方は多かれ少なかれ所謂ポケット版辞書の使い方に似通ってくるところがある。全文を読むには何度も画面をスクロールしなければならなくて面倒だから，それよりはさっと訳語だけを確認して終わるといった使い方である。初級者向け辞書よりもっと小さいポケット版の辞書が初級者にふさわしいかといえば，それはそうではない。例文や解説がほとんどなく語釈のみが羅列されるという最低限の情報しかないポケット版は，逆にその言語を一定水準以上習得した人が確認のために持ち歩くといった備忘録的な性格のものである。

電子辞書という形態がポケット版辞書的性格を有することを考えると，電子辞書は例文を読まなくなるから良くないという批判もうべなるかなと思わせるところがある。しかし，初級者は電子辞書をやめて紙の

辞書を使うようにすればよいというほど問題は単純ではない。日本中国語 CAI 研究会・田邉鉄「電子辞書は授業で使えるか　オンライン討論から」[31]において，私は「そもそも辞書を引くという行為は学習過程においてどういう作用があるのか？」という問題を提起した。自分の学習過程を振り返ってみると，辞書の使い方を指導された記憶はあまりなく，「習うより慣れろ」式で何度も辞書を引いているうちに自然と身に着けてきたように思う。教える立場になってみると，中級レベルになっても中日辞典を使えない学生が多くいることに気づいた。最初は部首引きに慣れていないなど引き方がわからないせいかと思い指導していたが，そのうち主たる原因はそこにはないことに気づいた。めざす単語のページを開いた後でもそこに書かれている情報をうまく使いこなせない学生が少なからずいるのである。これは紙の辞書であっても電子辞書であっても同様に生じる問題である。紙の辞書には一覧性の良さが訳語以外の部分にも目を向ける機会を作っているという言わば副作用ならぬ副効用があるため，一覧性において劣る電子辞書がより先鋭に我々に問題を突きつけているにすぎない。昨今の電子辞書売り場の盛況を見ていると，今後は紙の辞書を買わずにいきなり電子辞書から使い出す学生が多く出現するのではないかと予想される。そうなると紙の辞書しかなかった時代にはなんとか通じた「習うより慣れろ」式の指導はますます通用しなくなるであろう。

オンライン討論での私の問題提起に対し，山崎直樹氏からは辞書の記述を活用するための課題例が示され，田邉鉄氏は辞書の引き方だけではなく，辞書を活用するための課題を適宜授業で提示することの必要性を述べているが，私も全く同感である。たとえて言うならば，今も昔も歩くことが人間にとって基本的な移動手段であることには変わり

---

31) 漢字文献情報処理研究会編『漢字文献情報処理研究』第 5 号，好文出版，2004 年

ないけれども，その一方で現代社会において自動車が欠かせないものとなっているように，紙の辞書には紙の辞書の優れた点があるけれども，電子辞書が今後教室の中に普及し欠かせないものになっていく可能性が高い。紙であれ電子辞書であれ辞書から情報を取り出し読み取る技術や能力を具体的な課題を通じて意識的に養成し，さらに電子辞書については，検索方法の多様さなど電子辞書の特長を生かした使い方[32]を指導する時になっているのである。

---

32) 電子辞書を持っていても見出し語を完全一致検索するだけで，電子辞書ならではのワイルドカード検索やジャンプ機能を使っていない，というよりはその機能の存在にさえ気づいていない学生がいる。宝の持ち腐れである。

辞書一覧

【辞書一覧】

（本書でとりあげたものを中心に刊行年順にあげた。）

中国語——日本語辞書

■現代中国語辞典　香坂順一
　　　光生館　B6変／1,864 p.　本体 6,300 円　【82年1月】

■中日大辞典〔増訂第二版〕　愛知大学中日大辞典編纂処
　　　大修館書店　B6／2,765 p.　本体 8,600 円　【87年9月】

■岩波中国語辞典〔簡体字版〕　倉石武四郎
　　　岩波書店　B6／952 p.　本体 3,200 円　【90年12月】

■標準中国語辞典〔第2版〕　上野恵司
　　　白帝社　B6変／506p.　本体 2,300 円　【96年4月】

■ポータブル中日・日中辞典〔繁体字版〕　蘇文山
　　　三修社　B6変／1,312p.　本体 5,524 円　【97年4月】

■プログレッシブ中国語辞典　武信彰他
　　　小学館　B6変／1,186 p.　本体 3,500 円　【98年1月】

■クラウン中日辞典　松岡榮志他
　　　三省堂　B6変／1,696 p.　本体 4,000 円　【01年11月】

■はじめての中国語学習辞典　相原茂
　　　朝日出版社　B6変／757p.　本体 2,600 円　【02年2月】

■講談社中日辞典〔第二版〕　相原茂
　　　講談社　B6／2,270 p.　本体 6,500 円　【02年2月】

■白水社　中国語辞典　伊地智善継
　　　白水社　B6／2,400 p.　本体 7,800 円　【02年2月】

■中日辞典〔第2版〕
　北京・対外経済貿易大学, 商務印書館, 小学館共同編集
　　小学館　B6／2,258 p.　本体 6,300 円　　【03 年 1 月】

■東方中国語辞典　相原茂・荒川清秀・大川完三郎
　　東方書店　四六／2,120p.　本体 5,000 円　　【04 年 4 月】

■デイリーコンサイス中日辞典〔第二版〕　杉本達夫他
　　三省堂　B7 変／928 p.　本体 2,700 円　　【05 年 2 月】

日本語――中国語辞書

■日中辞典〔第2版〕
　北京・対外経済貿易大学, 商務印書館, 小学館共同編集
　　小学館　B6／2,115 p.　本体 6,300 円　　【01 年 11 月】

■岩波日中辞典〔第2版〕　　　倉石武四郎・折敷瀬興
　　岩波書店　B6／1,344 p.　本体 5,000 円　　【02 年 3 月】

中国語――中国語辞書

■现代汉语词典〔2002 年增补本〕中国社会科学院语言研究所
　　商务印书馆　A5／1,838p.　　　　【02 年 5 月】

■新华字典〔第 10 版〕
　　北京・商务印书馆　A6／798p.　　【04 年 1 月】

■现代汉语小词典〔第 4 版〕中国社会科学院语言研究所词典编辑室
　　商务印书馆　B6／950 p.　　　　【04 年 7 月】

著者紹介 ◆ 掲載順

遠藤雅裕（えんどう・まさひろ）【中央大学】
中国語学

三宅登之（みやけ・たかゆき）【東京外国語大学】
中国語学

山崎直樹（やまざき・なおき）【大阪外国語大学】
中国語学，中国語教育

小川利康（おがわ・としやす）【早稲田大学】
現代中国文学，中国語CALL

小栗山恵（おぐりやま・けい）【大東文化大学，筑波大学非常勤講師】
中国語学

清原文代（きよはら・ふみよ）【大阪府立大学】
中国語教育

辞書のチカラ　　中国語紙辞書電子辞書の現在

2005年7月1日　初版第1刷発行

- ■編　者　　山崎直樹・遠藤雅裕
- ■著　者　　遠藤雅裕・三宅登之・山崎直樹
　　　　　　小川利康・小栗山恵・清原文代
- ■発行者　　尾方敏裕
- ■発行所　　株式会社　好文出版
　　　　　〒162-0041　東京都新宿区早稲田鶴巻町540　林ビル 3F
　　　　　Tel. 03-5273-2739 Fax. 03-5273-2740
- ■装　丁　　関原直子
- ■印　刷　　音羽印刷

ⓒ 2005　　Printed in Japan ISBN4-87220-095-0

本書の内容をいかなる方法でも無断で複写することは禁じられています
乱丁落丁の際にはお取り替えいたします